# Mutação Constitucional
à luz da teoria constitucional contemporânea

Coleção **Estado e Constituição**

*Diretor*
Jose Luis Bolzan de Morais

*Conselho Editorial*
Jose Luis Bolzan de Morais
Lenio Luiz Streck
Leonel Severo Rocha
Ingo Wolfgang Sarlet
Jânia Maria Lopes Saldanha

*Conselho Consultivo*
Andre-Jean Arnaud
Wanda Maria de Lemos Capeller
Michele Carducci
Emilio Santoro
Alfonso de Julios-Campuzano
Jose Manuel Aroso Linhares
Roberto Miccú
Francesco Rubino

---

Dados Internacionais de Catalogação na Publicação (CIP)

P196m    Pansieri, Flávio.
       Mutação constitucional à luz da teoria constitucional contemporânea / Flávio Pansieri, Henrique Soares de Souza. – Porto Alegre : Livraria do Advogado, 2018.
       100 p. ; 21 cm. – (Estado e Constituição ; 19)
       Inclui bibliografia.
       ISBN 978-85-9590-032-5

1. Direito constitucional. 2. Teoria constitucional. 3. Mutação constitucional. I. Souza, Henrique Soares de. II. Título. III. Série.

CDU 342
CDD 342

Índice para catálogo sistemático:
1. Direito constitucional      342

(Bibliotecária responsável: Sabrina Leal Araujo – CRB 10/1507)

**Estado e Constituição – 19**
Jose Luis Bolzan de Morais (Diretor)

FLÁVIO PANSIERI
HENRIQUE SOARES DE SOUZA

# Mutação Constitucional
## à luz da teoria constitucional contemporânea

*livraria*
DO ADVOGADO
*editora*

Porto Alegre, 2018

©
Flávio Pansieri
Henrique Soares de Souza
2018

*Capa, projeto gráfico e diagramação*
Livraria do Advogado Editora

*Revisão*
Rosane Marques Borba

*Direitos desta edição reservados por*
**Livraria do Advogado Editora Ltda.**
Rua Riachuelo, 1300
90010-273  Porto Alegre  RS
Fone: 0800-51-7522
editora@livrariadoadvogado.com.br
www.doadvogado.com.br

Impresso no Brasil / Printed in Brazil

## Notas do direitor

A Coleção Estado e Constituição chega ao seu número 19, pondo em discussão, a partir do texto redigido por Flávio Pansieri e Henrique Soares de Souza, um tema que, em tempos de judicialização da e do político e de seus desvios ativistas, de centralidade da intervenção do Sistema de Justiça, entre outros tantos enredos desta narrativa contemporânea, merece a atenção de todos aqueles que se preocupam com os destinos do Estado Constitucional e do constitucionalismo.

A discussão em torno da estabilidade e da mutação das regras constitucionais tem ganhado importância singular, nem sempre acompanhada de uma reflexão adequada e apta a aportar informações que permitam o avançar da reflexão crítico-reflexiva sobre o tema.

Agora, Flavio e Henrique se dispõem a visitar esta temática e trazer contribuições que oportunizem tomadas de posição assentadas em fundamentos conceituais, históricos e pragmáticos. A partir do reconhecimento da importância do fenômeno das alterações informais dos textos constitucionais, buscam adequá-lo aos pressupostos do constitucionalismo contemporâneo, tendo presente o velho dilema, talvez maximizado nas sociedades atuais, marcadas, entre outras coisas, por um processo de aceleração do tempo, do conflito de gerações – aquelas fundadoras do pacto constitucional, as atuais e, até mesmo, as futuras.

Por tudo isso, vem em boa hora esta publicação. Boa leitura.

***Prof. Dr. Jose Luis Bolzan de Morais***
Professor do PPGD/UIT e ESDHC
Pesquisador PQ I-D/CNPQ
Procurdor do Estado do Rio Grande do Sul
Diretor/Organizador da Col. Estado e Constituição

# Sumário

Apresentação ............................................................. 9

Introdução ............................................................... 11

1. **A Constituição e a realidade histórica: a tensão entre estabilidade e dinâmica constitucionais** ............................. 15
   1.1. Força normativa e a inserção da Constituição na realidade social ............................................... 15
   1.2. Estabilidade, rigidez e supremacia da Constituição ......... 21
   1.3. Conflitos intergeracionais e limitações do processo constituinte .................................................. 26
   1.4. Aspectos da dinâmica constitucional: Poder Constituinte e a reforma constitucional .................................... 33

2. **Mutação constitucional: origem e evolução do conceito** ......... 41
   2.1. A mutação constitucional como objeto de análise ............ 41
   2.2. Constituição do Império Alemão e a origem da mutação constitucional ................................................ 45
   2.3. República de Weimar e o desenvolvimento do conceito ........ 50
   2.4. Lei fundamental de Bonn e a mutação constitucional no pensamento de Konrad Hesse ................................... 57

3. **A teoria da mutação constitucional no Brasil** ................... 67
   3.1. Recepção da teoria da mutação constitucional na doutrina brasileira .......................................... 67
   3.2. Contraponto à aceitação da mutação constitucional .......... 77
   3.3. Em busca da síntese: mutação constitucional e força normativa da Constituição ..................................... 82

**Considerações finais** ................................................. 93

**Referências bibliográficas** ........................................... 99

# Apresentação

O presente livro investiga se é possível compreender o fenômeno da mutação constitucional de forma coerente com a teoria constitucional contemporânea, sobretudo com uma concepção normativa de Constituição e com o reconhecimento de sua força normativa. A relação entre a Constituição e a realidade em que está inserida e a consequente tensão entre demandas pela estabilidade e pela dinâmica da Constituição (ou seja, pela possibilidade de ela passar por alterações ao longo de sua vigência) são questões centrais para o Direito Constitucional, tendo influenciado o desenvolvimento de alguns de seus institutos basilares. Tal como a matéria da reforma constitucional, a problemática da alteração informal das normas constitucionais – conhecida como mutação constitucional – está associada àqueles temas. Todavia, a compreensão majoritária sobre este fenômeno, inclusive na doutrina brasileira, ainda reflete noções derivadas dos contextos históricos em que o conceito foi criado e desenvolvido, as quais conduzem à aceitação de que as condições fáticas e as forças sociais prevaleçam sobre as disposições constitucionais. Essa conclusão, no entanto, não é condizente com o nível atual de desenvolvimento do Direito Constitucional nem com contextos em que existem vias de controle jurisdicional de constitucionalidade. Assim, a admissão da mutação constitucional exige hoje a adoção de uma perspectiva diferenciada, que permita o reconhecimento de que mudanças das circunstâncias fáticas podem provocar alterações do conteúdo das normas constitucionais, mas também que viabilize a contenção e o controle dessas alterações, contribuindo para assegurar a continuidade da Constituição e fortalecer sua força normativa.

Frise-se que este trabalho é fruto do projeto "Constituição, Economia e Desenvolvimento" realizado pela Academia Brasileira de Direito Constitucional e coordenado pelo professor Doutor Flávio Pansieri.

## Introdução

A relação que se estabelece entre o Direito Constitucional e a realidade é de importância central para os que se dedicam ao estudo desse ramo das Ciências Jurídicas. É da essência de uma Constituição a disciplina dos temas reputados fundamentais pela sociedade que a instituiu, sobretudo aqueles que se referem à limitação do poder e à garantia dos direitos fundamentais. Portanto, a forma como ocorre a interação entre as normas constitucionais e a realidade e o grau de êxito que aquelas obtêm em se fazerem observadas na sociedade tornaram-se objeto de investigação entre os constitucionalistas, inclusive pela relevância que esses tópicos assumem na análise acerca do cumprimento, pela Constituição, das tarefas dela esperadas.

Uma das principais dimensões dessa relação envolve a influência do tempo sobre a Constituição. O surgimento, com a passagem do tempo e a sucessão de gerações, de novos contextos e novas demandas sociais representa um desafio para a pretensão de permanência da Constituição, corolário do papel que ela desempenha na organização e limitação do poder. A percepção dessa tensão levou à mitigação da noção de intangibilidade absoluta (que condicionava as alterações constitucionais à ação do poder constituinte originário, de extensão e consequências imprevisíveis) e à teorização acerca de meios que permitissem a modificação das disposições constitucionais, sem colocar em risco a manutenção da Constituição como um todo.

O resultado mais evidente dessa preocupação foi o surgimento das técnicas de reforma constitucional, que possibilitam a alteração do texto constitucional de acordo com formas para tanto estabelecidas pela própria Constituição. Desse modo, a competência para realizar a reforma constitucional, o procedimento a ser observado (em regra, mais exigente do que o previsto para a produção legislativa infraconstitucional) e, mesmo, a delimitação das modificações possíveis são regrados previamente pelo constituinte originário, como modo de assegurar a permanência de sua obra, sem inviabilizar as adaptações necessárias devido ao transcurso do tempo. Entretanto, a tensão entre estabilidade e necessidade de mudança da Constituição originou, também, a problemática das mutações constitucionais, como são conhecidas as mudanças constitucionais que ocorrem à margem dos mecanismos formais.

O estudo da mutação constitucional não é recente, tendo se iniciado no final do século XIX na recém-unificada Alemanha. Ainda, é um fenômeno cuja existência é amplamente aceita pela doutrina, inclusive a brasileira, mesmo que autores divirjam sobre alguns de seus aspectos. Contudo, não é um tema livre de polêmica, uma vez que a admissão das mutações constitucionais e as formas como elas são compreendidas têm uma conexão estreita com outros elementos fundamentais da teoria constitucional, principalmente os que concernem ao papel a ser desempenhado pela Constituição na ordem jurídica, à relação dela com as forças em atuação na sociedade e à consecução dos objetivos pretendidos pelo constituinte originário.

Assim, reconhecendo a centralidade da tensão entre estabilidade e dinâmica da Constituição para o Direito Constitucional, o presente livro volta-se à investigação do fenômeno da mutação constitucional. Objetiva-se obter uma melhor compreensão de como e em que contexto surgiu a problemática das alterações constitucionais informais e o que impulsionou seu estudo, bem como analisar se tais alterações podem ser admitidas atualmente, de um modo coerente com o nível de desenvolvimento atingido pela teoria constitucional e com um paradigma norteado pela concepção normativa da Constituição e pela necessidade de zelar-se pela preservação e fortalecimento de sua força normativa.

Para tanto, o livro inicia com uma tentativa de entender-se a relação da Constituição com a realidade histórica, com base nas reflexões de Konrad HESSE acerca da força normativa da Constituição. Na sequência, analisam-se os motivos subjacentes às demandas pela estabilidade da Constituição e pela possibilidade de que ela venha a ser alterada (o que se denominou, no curso do trabalho, de "dinâmica constitucional") e o modo como a tensão entre as duas influenciou o desenvolvimento da teoria constitucional e moldou alguns de seus institutos fundamentais, tais como o princípio da supremacia constitucional, a rigidez constitucional e os mecanismos de reforma constitucional.

No segundo capítulo, adentra-se propriamente no estudo da mutação constitucional, com um breve histórico de como ela foi abordada no curso da história constitucional alemã até chegar-se à análise de Konrad HESSE, quem defende a necessidade de se estudar o fenômeno e seus limites mesmo no período contemporâneo, e com a menção à perspectiva norte-americana sobre alterações informais registradas na experiência constitucional daquele país, a qual se revela ilustrativa de como processos políticos e sociais podem produzir mudanças constitucionais sem o acionamento dos instrumentos formais de reforma, mas é de difícil transposição para outras realidades (como a brasileira), dada a peculiaridade do sistema jurídico-constitucional daquele país.

O capítulo prossegue com a análise mais detida acerca do estudo da mutação constitucional pela doutrina alemã em três momentos distintos (quais sejam, os períodos de vigência da Constituição do Império Alemão, da Constituição da República de Weimar e da Lei Fundamental de Bonn), relacionando-se as condições jurídico-políticas de cada período com as diferentes perspectivas sobre fenômeno. O último desses períodos serve de pano de fundo para a construção, a partir da crítica das perspectivas precedentes e com base em noções recorrentes no pensamento do autor, do entendimento de Konrad HESSE sobre a mutação constitucional e seus limites, a qual é exposta com maior profundidade na última seção do capítulo.

No terceiro capítulo, enfoca-se o modo como a mutação constitucional é entendida na doutrina brasileira. Com base em autores representativos do estudo do tema no país, busca-se demonstrar como a doutrina nacional conceitua e fundamenta a mutação constitucional e como ela aborda a temática de seus limites, refletindo os estudos alemães sobre o fenômeno. Aos entendimentos favoráveis à admissão da ocorrência de mudanças constitucionais sem o recurso aos meios formais de reforma do texto constitucional (os quais apresentam algumas divergências entre si, mas são, em larga medida, convergentes) contrapõe-se a crítica que aponta as insuficiências da tese da mutação constitucional e os riscos decorrentes de sua aceitação.

O capítulo é finalizado com a discussão entre essas duas perspectivas opostas em relação às mutações constitucionais, assim como com a tentativa de formular uma síntese entre elas. Em linha com o pensamento de Konrad HESSE, busca-se uma solução na qual não se exclui a possibilidade de que o sentido das disposições constitucionais passe por alterações sem que o texto correspondente seja modificado, mas também na qual não se admite a prevalência de práticas que, conquanto sustentadas na invocação de uma mutação constitucional, mostrem-se contrárias à Constituição.

# 1. A Constituição e a realidade histórica: a tensão entre estabilidade e dinâmica constitucionais

## 1.1. Força normativa e a inserção da Constituição na realidade social

Dentre os ramos das Ciências Jurídicas, o Direito Constitucional destaca-se pela relação particular que possui com a dimensão dos fatos, sobretudo por seu objeto – as normas constitucionais[1] – se voltar à disciplina de temas como a organização e a limitação do poder e a estruturação da ordem jurídica de uma determinada sociedade, inclusive na condição de fundamento de validade para as demais normas que compõem essa ordem.

A consciência acerca dessa relação é central na obra de Konrad HESSE,[2] o qual ressalta a importância,

---

[1] BARROSO, Luís Roberto. *Curso de direito constitucional contemporâneo*: os conceitos fundamentais e a construção do novo modelo. 5. ed. São Paulo: Saraiva, 2015, p. 75. O autor alerta, contudo, para a dificuldade de definir o que são normas constitucionais a partir de um critério material (segundo o qual essas normas seriam as referentes à "organização do poder político, definição dos direitos fundamentais e, em algumas constituições, determinação dos fins públicos a serem alcançados pela sociedade"), pois esse conceito é sensível às circunstâncias políticas e históricas de cada país. Em razão disso, BARROSO registra que a definição do "objeto concreto do direito constitucional" beneficia-se da utilização conjunta de um critério formal, de acordo com o qual "o direito constitucional se identifica com o conjunto de normas dotadas de superioridade hierárquica em relação às demais normas do sistema jurídico, às quais fornecem fundamento de validade, não estando elas próprias fundadas em qualquer outra norma" (p. 75-77).

[2] MENDES, Gilmar Ferreira. Apresentação. In: HESSE, Konrad. *Temas fundamentais do direito constitucional*. São Paulo: Saraiva, 2009, p. VII-X. p. IX.

para a "compreensão total e o juízo acertado das questões jurídico-político-constitucionais", da perspectiva histórica e de uma teoria constitucional que considere o ordenamento constitucional na realidade em que ele está inserido.[3] Essa consciência se faz presente, também, na identificação das condições de validade do Direito Constitucional e de sua capacidade de se fazer observar na sociedade, características apontadas como peculiaridades que definem a singularidade desse ramo do Direito, ao lado da posição hierárquica que ele ocupa no ordenamento jurídico e da natureza de suas normas.[4]

HESSE aprofunda a discussão relativa à interação entre Direito Constitucional e realidade em sua investigação acerca da força normativa da Constituição. Sua tese sobre o tema pressupõe não apenas a inexistência de uma separação completa entre norma e realidade, mas também que há um condicionamento recíproco entre essas duas dimensões. É da essência da norma constitucional a pretensão de vir a ser concretizada e, portanto, não pode ela ser dissociada da realidade. Essa "pretensão de eficácia" apresenta-se como um elemento autônomo em relação às condições verificadas no contexto histórico (que podem ser naturais, sociais, técnicas e econômicas ou, ainda, derivar do "substrato espiritual que se consubstancia num determinado

---

[3] HESSE, Konrad. Constituição e direito constitucional. In: ——. *Temas fundamentais do direito constitucional*. São Paulo: Saraiva, 2009. p. 1-22. p. 2.

[4] Ibidem, p. 8-13. HESSE identifica como "peculiaridades essenciais" do Direito Constitucional a sua primazia no âmbito de determinada ordem jurídica; o caráter aberto e vinculante de suas normas, o que lhe dá abertura para garantir a liberdade do processo político e responder às mudanças históricas, ao mesmo tempo em que subtrai de discussões futuras decisões fundamentais a respeito do Estado e dos seus procedimentos internos; sua garantia imanente, ou seja, a exigência de que o Direito Constitucional garanta-se por si próprio, já que, ao contrário do que ocorre em relação às normas infraconstitucionais, a observância das normas constitucionais não decorre de um ordenamento jurídico superior nem é imposta por forças supraestatais; e os pressupostos exigidos para que a Constituição se efetive, que envolvem tanto sua capacidade de harmonizar-se com o contexto histórico, quanto o comportamento dos partícipes da vida constitucional para com ela.

povo"),[5] mas cuja realização só é possível se estas forem observadas.[6]

Reconhece-se, assim, que a Constituição procura impor determinadas ordem e conformação à realidade a que está vinculada e não deve ser compreendida como "simples reflexo das condições fáticas de sua vigência",[7] muito embora não possa desconsiderar a existência destas. Nessa perspectiva, a força condicionante da realidade e a força normativa da Constituição coexistem como fatores distintos, que se conformam de maneira mútua. Não há como se afirmar uma fundamentalidade apriorística seja das circunstâncias fáticas, seja da "normatividade pura" da Constituição.[8]

É com base nessa interação peculiar que a Constituição mantém com o contexto em que está inserida que HESSE identifica seus limites e possibilidades, bem como os pressupostos necessários para que se desenvolva sua força normativa.

Os limites e possibilidades da Constituição derivam justamente da vinculação dela à realidade histórica. Se a dimensão racional é ínsita a qualquer espécie de ordenação jurídica, é somente por meio do reconhecimento e da observância das forças e das condições históricas existentes na realidade que a Constituição se habilita a lhe ordenar e conformá-la, realizando sua pretensão de eficácia e, com isso, desenvolvendo sua força normativa. A norma que se limita a contrariar a realidade não logra regrá-la.[9]

---

[5] Por "substrato espiritual" do povo, HESSE designa "as concepções sociais concretas e o baldrame axiológico que influenciam decisivamente a conformação, o entendimento e a autoridade das proposições normativas" (HESSE, Konrad. A força normativa da constituição. In: ——. *Temas fundamentais do direito constitucional*. São Paulo: Saraiva, 2009. p. 123-146. p. 128).

[6] Ibidem, p. 127-128.

[7] Ibidem, p. 128.

[8] Ibidem, p. 128-129.

[9] Ibidem, p. 129-130.

Entretanto, à medida que as tarefas previstas na Constituição sejam realizadas e que se difunda na sociedade a disposição de adotá-la como parâmetro de conduta e concretizá-la mesmo diante de tentações momentâneas em sentido contrário, ela se converte em uma força ativa própria dentre as demais em atuação no meio social.[10] Contribui, para tanto, que os partícipes da vida constitucional compartilhem uma vontade de realização da ordem constitucional que se sobreponha a juízos de conveniência, uma "vontade de Constituição" derivada do reconhecimento da necessidade e do valor de uma ordem normativa apta a resguardar o Estado do arbítrio, assim como da consciência de que essa mesma ordem não é apenas pautada pelos fatos, mas está submetida a um processo contínuo de legitimação, e de que sua eficácia depende do concurso da vontade humana.[11]

O reconhecimento da vinculação da Constituição à realidade e da importância de haver uma vontade de Constituição na sociedade reflete-se na definição dos pressupostos necessários para o desenvolvimento da força normativa da Constituição, os quais se referem tanto ao conteúdo desta, quanto à práxis constitucional.[12]

A coerência do conteúdo da Constituição com as condições históricas e com o "substrato espiritual" vigentes fortalece sua força normativa, inclusive por

---

[10] HESSE, Konrad. A força normativa da constituição. Op. cit., p. 131-132.

[11] Ibidem, p. 132-133.

[12] Sobre a importância desses pressupostos, vale destacar a seguinte passagem: "A Constituição não está desvinculada da realidade histórica concreta do seu tempo. Todavia, ela não está condicionada, simplesmente, por essa realidade. Em caso de eventual conflito, a Constituição não deve ser considerada, *necessariamente*, a parte mais fraca. Ao contrário, existem pressupostos realizáveis (...) que, mesmo em caso de confronto, permitem assegurar a força normativa da Constituição. Somente quando esses pressupostos não puderem ser satisfeitos, dar-se-á a conversão dos problemas constitucionais, enquanto questões jurídicas (...), em questões de poder (...). Nesse caso, a Constituição jurídica sucumbirá em face da Constituição real" (Ibidem, p. 138 – destaque no original).

inspirar maior apoio em meio à sociedade. Em contrapartida, tal relação direta exige que a Constituição seja capaz de acompanhar possíveis alterações daquelas circunstâncias.[13] Essa qualidade é favorecida por uma construção constitucional que privilegie a consolidação de poucos princípios fundamentais passíveis de desenvolvimento diante das mudanças históricas e evite constitucionalizar "interesses momentâneos e particulares", que sujeitariam a Constituição a reformas mais frequentes.[14] Também é importante que a Constituição não consagre e vise a realizar seus princípios sem considerar ideias e demandas contrapostas, pois "[s]e pretende preservar a força normativa dos seus princípios fundamentais, deve ela incorporar, mediante meticulosa ponderação, parte da estrutura contrária".[15]

Já na práxis constitucional, a vontade de Constituição exerce papel de fundamental importância. Da crença nos benefícios individuais e sociais de se sujeitar à Constituição advém a disposição de cumpri-la, mesmo quando isso implique o sacrifício de interesses e vantagens imediatos.[16] Tal crença também contribui para a estabilidade da Constituição e para a "confiança na sua inquebrantabilidade" ao conter impulsos por reformas constitucionais motivadas por simples juízos de conveniência, uma vez que "[c]ada reforma constitucional expressa a ideia de que, efetiva ou aparentemente, atribui-se maior valor às exigências de índole fática do que à ordem normativa vigente".[17]

---

[13] HESSE, Konrad. A força normativa da constituição. Op. cit., p. 133-134.

[14] Idem.

[15] Idem. O autor acrescenta: "Direitos fundamentais não podem existir sem deveres, a divisão de poderes há de pressupor a possibilidade de concentração de poder, o federalismo não pode subsistir sem uma certa dose de unitarismo. Se a Constituição tentasse concretizar um desses princípios de forma absolutamente pura, ter-se-ia de constatar, inevitavelmente – no mais tardar em momento de acentuada crise –, que ela ultrapassou os limites de sua força normativa."

[16] Ibidem, p. 135.

[17] Idem.

Ainda no campo da práxis, HESSE destaca a importância de uma interpretação construtiva para a estabilidade da Constituição e para o desenvolvimento de sua força normativa. Para ele, é adequada a interpretação "que consegue concretizar, de forma excelente, o sentido (...) da proposição normativa dentro das condições reais dominantes numa determinada situação".[18] Por isso, a atenção às condições históricas também faz parte da atividade interpretativa, o que implica dizer que alterações sentidas na realidade podem refletir-se na interpretação da norma constitucional. Todavia, eventual inflexão interpretativa permanece restrita às possibilidades de sentido da proposição normativa. Se a mudança das circunstâncias fáticas for drástica a ponto de obstar a realização dos sentidos possíveis da proposição, não é cabível o recurso a uma interpretação que ignore aqueles limites (sob pena de se reconhecer, ainda que de modo implícito, a preponderância das circunstâncias fáticas sobre o elemento normativo), fazendo-se necessária a alteração do próprio texto constitucional.[19]

Com esses elementos, a teoria constitucional de Konrad HESSE é marcada não só pela preocupação com a tensão permanente entre realidade e norma constitucional, mas também pela postura de não admitir que essa tensão seja aliviada por meio da simples sujeição de uma dessas dimensões à outra, seja pela supressão do direito pelas forças sociais, seja pela imposição de uma ordenação jurídica em total descompasso com as condições históricas vigentes. Essa tensão também se expressa no embate entre as demandas concorrentes de estabilidade da Constituição e de uma maior flexibilidade diante de uma realidade social essencialmente dinâmica, como revela a análise dos pressupostos da força normativa da Constituição, em especial no que concerne ao conteúdo desta e à interpretação constitucional.

---

[18] HESSE, Konrad. A força normativa da constituição. Op. cit., p. 136.
[19] Idem.

Por essas características, a teoria constitucional de HESSE[20] fornece as bases para que se possa buscar uma melhor compreensão das demandas por estabilidade e dinâmica constitucionais, como elas interagem entre si e como o Direito Constitucional responde a elas.

Ainda, os conceitos acima expostos permitem uma primeira aproximação à mutação constitucional (que pode ser inicialmente definida como a alteração do sentido da norma constitucional sem alteração de seu texto) e deles se extraem noções importantes para a investigação dos limites desse fenômeno. Afinal, a identificação dos limites da interpretação – e, por conseguinte, da alteração do sentido da norma em razão de mudanças sentidas na realidade histórica – e a observância deles na vivência constitucional é um dos pressupostos para o desenvolvimento da força normativa da Constituição e, como tal, condição essencial para obstar que a Constituição venha a ser sobrepujada, pela via interpretativa, por uma perspectiva determinista das circunstâncias fáticas.

## 1.2. Estabilidade, rigidez e supremacia da Constituição

As demandas pela estabilidade da Constituição podem ser relacionadas com a evolução do constitucionalismo moderno. Em maior ou menor grau, a ideia de

---

[20] Referindo-se à sistematização realizada por HESSE em seu estudo sobre a força normativa da Constituição, BARROSO afirma que a noção de uma Constituição normativa deriva de uma "síntese dialética" entre as concepções sociológica e jurídica (ou positivista) de Constituição, das quais foram expoentes Ferdinand LASSALLE e Hans KELSEN, respectivamente. Como características daquela concepção normativa, BARROSO aponta justamente para o condicionamento da Constituição pela realidade em que se insere, mas também para sua autonomia relativa; para a força normativa que deriva dessa autonomia e de que a Constituição necessita para ordenar e conformar o contexto sócio-político; e para a tensão permanente entre norma e realidade, da qual se extraem os limites e possibilidades do direito constitucional (BARROSO, Luís Roberto. Op. cit., p. 105.)

que as constituições deveriam resistir aos impulsos por sua alteração permeou os principais modelos históricos do constitucionalismo, talvez em decorrência da crença comum neles identificada acerca do papel a ser exercido pelos instrumentos constitucionais no que concerne à limitação do poder (estatal, inicialmente) e ao reconhecimento e garantia dos direitos fundamentais dos membros das comunidades políticas.

Nas primeiras teorizações acerca do poder constituinte, a preocupação com a estabilidade constitucional é refletida na ideia de separação entre o poder constituinte e os poderes constituídos. Ao comentar a teoria do poder constituinte segundo a doutrina francesa da soberania nacional,[21] associada à ascensão da burguesia ao poder e à afirmação do Estado Liberal, Paulo BONAVIDES registra que a diferenciação entre as funções constituinte e legislativa – e, por conseguinte, entre os órgãos encarregados de desempenharem-nas – representou, a um só tempo, uma limitação à atuação das assembleias constituintes, que não poderiam "alargar (...) seu quadro de ação, de modo a desempenhar as atribuições e competências mesmas de que irá dotar os poderes constituídos",[22] e uma garantia formal aos direitos individuais consagrados na Constituição, que seriam mantidos fora do espaço de atuação reservado ao legislador ordinário.[23]

Permanece atual essa noção de que a reduzida interferência dos poderes constituídos sobre as

---

[21] BONAVIDES, Paulo. *Curso de direito constitucional*. 29. ed. atual. São Paulo: Malheiros, 2014, p. 155-157.

[22] Ibidem, p. 155.

[23] Ibidem, p. 157. Acrescenta o autor que "a separação de poder constituinte e poderes constituídos [figura] entre as medidas acauteladoras mais importantes que a organização constitucional de um país pode oferecer à garantia dos direitos individuais", observando também que "o declínio da superioridade ou supremacia das regras constitucionais em determinados sistemas jurídicos e políticos acompanha sempre a queda e o desprestígio do Estado liberal, ou seja, o processo de desvalorização e até de desintegração de toda a ordem individualista na sociedade contemporânea".

disposições constitucionais favorece a estabilidade constitucional e a proteção dos direitos considerados fundamentais pela comunidade política. Para ilustrar o papel das constituições (e a relevância dos mecanismos que asseguram sua estabilidade) nas sociedades democráticas, é comum a remissão à passagem da Odisseia na qual Ulisses, ciente de que não seria capaz de resistir aos efeitos terríveis do canto das sereias, comanda seus subordinados a acorrentarem-no ao mastro do navio e a não obedecerem a ordens posteriores para soltá-lo, em nenhuma hipótese. As correntes exercem sobre Ulisses a influência que as Constituições devem exercer sobre as sociedades contemporâneas: as disposições constitucionais representam pré-compromissos ou autorrestrições a serem observados mesmo diante de crises graves, fazendo prevalecer a razão das decisões tomadas em momentos de sobriedade política sobre as paixões instantâneas e os interesses pessoais que venham a emergir.[24]

Na teoria constitucional, a exigência de uma maior estabilidade das normas constitucionais é refletida nos conceitos de rigidez e de supremacia constitucional, os quais se referem, respectivamente, à sujeição da alteração do texto constitucional a um procedimento mais complexo do que o estabelecido para a criação ou para a modificação das demais espécies de normas jurídicas[25] e à posição preeminente que a Constituição ocupa no ordenamento jurídico.[26]

---

[24] STRECK, Lenio Luiz; BARRETTO, Vicente de Paulo; OLIVEIRA, Rafael Tomaz de. Ulisses e o canto das sereias: sobre ativismos judiciais e os perigos da instauração de um "terceiro turno da constituinte". *Revista de Estudos Constitucionais, Hermenêutica e Teoria do Direito* (RECHTD), São Leopoldo, v. 1, n. 2, p. 75-83, jul/dez 2009, p. 76. Disponível em: <http://revistas.unisinos.br/index.php/RECHTD/article/view/47/2401>. Acesso em: 13/11/2017.

[25] BARROSO, Luís Roberto. Op. cit., p. 158.

[26] SILVA, José Afonso da. *Curso de direito constitucional positivo*. 26. ed. rev. e atual. São Paulo: Malheiros, 2006, p. 45. O autor sustenta que a supremacia constitucional "[s]ignifica que a constituição se coloca no vértice do sistema jurídico do país, a que confere validade, e que todos os poderes estatais são

Esses dois conceitos são frequentemente estudados como sendo complementares ou mesmo interdependentes, principalmente se a supremacia constitucional for analisada em sua dimensão formal.[27] Nesse sentido, José Afonso da SILVA apresenta a supremacia formal da Constituição como sendo "o primeiro e principal corolário" da rigidez constitucional.[28] Para Luís Roberto BARROSO, a rigidez é um dos elementos dos quais se deriva o postulado de supremacia da Constituição, ao lado da prevalência do poder constituinte sobre o constituído, do conteúdo material das normas constitucionais e do que ele denomina de vocação de permanência da Constituição.[29] Por sua vez, Cláudio Pereira de SOUZA NETO e Daniel SARMENTO apontam a rigidez constitucional e o controle de constitucionalidade dos atos normativos como os institutos jurídicos por meio dos quais se impõe a supremacia constitucional.[30]

---

legítimos na medida em que ela os reconheça e na proporção por ela distribuídos", sendo ela "a lei suprema do Estado, pois é nela que se encontram a própria estruturação deste e a organização de seus órgãos; é nela que se acham as *normas fundamentais* de Estado, e só nisso se notará sua superioridade em relação às demais normas jurídicas."

[27] José Afonso da SILVA alude à diferenciação entre a supremacia material e a supremacia formal das normas constitucionais, registrando que, a partir de uma perspectiva sociológica, aquela primeira qualidade pode ser identificada em constituições costumeiras (não escritas) e flexíveis (desprovidas de rigidez jurídica) e associada a uma rigidez de natureza sociopolítica, enquanto, do ponto de vista jurídico, a supremacia formal da Constituição está condicionada à existência de rigidez constitucional (op. cit., p. 45-46). Para Cláudio Pereira de SOUZA NETO e Daniel SARMENTO, a supremacia material era própria do constitucionalismo liberal, mas foi gradualmente substituída pela supremacia constitucional em sentido formal à medida que diferentes temas passaram a ser inseridos nas constituições, para assim beneficiarem-se de maiores proteção e estabilidade; em razão desse processo histórico, o *status* constitucional antes decorrente do conteúdo da norma passou a estar associado ao pertencimento desta ao texto constitucional. Nesse sentido: SOUZA NETO, Cláudio Pereira de; SARMENTO, Daniel. *Direito constitucional*: teoria, história e métodos de trabalho. 1. reimp. Belo Horizonte: Fórum, 2013, p. 19-20.

[28] SILVA, José Afonso da. Op. cit., p. 46.

[29] BARROSO, Luís Roberto. Op. cit., p. 108-109.

[30] SOUZA NETO, Cláudio Pereira de; SARMENTO, Daniel. Op. cit., p. 22. Os autores defendem ainda que, além dos institutos jurídicos referidos, a supremacia constitucional depende também da "existência de uma cultura

O reconhecimento e a atribuição dessas características às normas constitucionais permitem diferenciá-las das demais normas que compõem o ordenamento jurídico.[31] Mais do que isso, a percepção de que a Constituição é uma lei superior e proveniente de uma vontade distinta daquela que se expressa por meio dos órgãos legislativos constituídos resulta na separação da política legislativa da política constitucional e, consequentemente, na retirada de determinadas matérias do espaço de conformação do legislador ordinário. É assim que a Constituição se habilita, afinal, a exercer uma função contramajoritária, sendo capaz de obstar a realização da vontade de maiorias eventuais.[32]

Tendo em vista a significativa restrição que esse conjunto de características impõe à deliberação democrática, BARROSO apresenta dois fundamentos que explicam a "aceitação histórica" da supremacia constitucional. O primeiro, de ordem subjetiva, assenta-se no contraste entre a mobilização popular ampla e consciente existente nos "momentos constitucionais", situações extraordinárias em que a superação do regime vigente e a instauração de uma nova ordem inspiram grande engajamento popular, e a política predominante durante os períodos de normalidade institucional, na qual a participação popular é reduzida e frequentemente limitada às formas representativas. O segundo fundamento, objetivo, está relacionado à "transcendência dos bens jurídicos" protegidos pela Constituição ("a limitação do poder, os valores fundamentais da sociedade, a soberania popular e os procedimentos democráticos"), assim como à importância dos pré-compromissos nela consubstanciados para se assegurar a manutenção e o

---

constitucional, caracterizada pela generalizada adesão do povo à Constituição estatal".

[31] SILVA, José Afonso da. Op. cit., p. 46.

[32] BARROSO, Luís Roberto. Op. cit., p. 176-177.

funcionamento da própria democracia diante das vicissitudes da política.³³

Conjugando os dois fundamentos mencionados, tem-se que a supremacia constitucional está embasada, por um lado, no maior valor a ser atribuído ao engajamento popular de que deriva o ato constituinte e, por outro, na previdência do (povo) constituinte ao estabelecer mecanismos voltados à preservação de sua obra contra as armadilhas da política ordinária, em prol dos direitos fundamentais da comunidade e em defesa da própria democracia. Pelo que se expôs, esses mesmos fundamentos fornecem uma justificativa para as demandas pela estabilidade da Constituição.

### 1.3. Conflitos intergeracionais e limitações do processo constituinte

Apesar de estar associada à supremacia constitucional e à estabilidade institucional, a noção de rigidez pressupõe uma admissão de que as disposições constitucionais venham a ser modificadas, ainda que, para tanto, se deva observar um procedimento mais difícil do que o estabelecido para a produção legislativa infraconstitucional. A intangibilidade ou imutabilidade total da Constituição pode sufocar a deliberação democrática, esgotar a força normativa das normas constitucionais ao incentivar que as instituições se desenvolvam

---

³³ BARROSO, Luís Roberto. Op. cit., p. 177-179. Cláudio Pereira de SOUZA NETO e Daniel SARMENTO elaboram análise similar acerca do que qualificam como os dois "principais fundamentos invocados para afirmação da supremacia da Constituição", utilizando, porém, nomenclatura ligeiramente diferente: os fundamentos subjetivo e objetivo de BARROSO são, por aqueles autores, denominados de fundamentos genético e substantivo, respectivamente (op. cit., p. 21-22). É interessante notar que, ao abordar o fundamento objetivo/substantivo da supremacia constitucional, ambos os trabalhos se valem da metáfora de Ulisses e as sereias para explicar o papel dos pré-compromissos constitucionais, fazendo referência ao célebre estudo de Jon ELSTER sobre o tema (ELSTER, Jon. *Ulysses and the sirens*. New York-Cambridge: Cambridge University Press, 1979, *apud* BARROSO, Luís Roberto. Op. cit., p. 178).

à margem de suas previsões e, mesmo, representar um risco para a sobrevivência da ordenação constitucional como um todo.[34]

Com efeito, a pretensão dos constituintes de produzir uma ordenação estável da sociedade é desafiada pela passagem do tempo e pela sucessão natural de gerações, cada uma trazendo consigo novos valores e anseios a serem satisfeitos, bem como novos problemas a serem enfrentados. A intangibilidade das disposições constitucionais estabelecidas no passado ou sua rigidez excessiva limitam as alternativas de que as gerações presentes e futuras podem dispor para responder às dificuldades de sua realidade histórica. Em uma hipótese extrema, tal limitação pode conduzir a um descolamento da Constituição com o contexto social em que está inserida e à corrosão de sua legitimidade, já que ela não contém respostas para problemas da coletividade nem permite que soluções para estes venham a ser construídas. Nessas circunstâncias, o embate entre as demandas por estabilidade ou por dinâmica da Constituição pode ser entendida como reflexo da tensão entre constitucionalismo e democracia.[35]

Por outro lado, não é só a passagem do tempo que põe à prova a Constituição. A obra do constituinte originário pode apresentar vícios desde o primeiro momento, pois a dinâmica interna do processo constituinte e os constrangimentos que o influenciam podem resultar em configurações institucionais e compromissos políticos insuficientes ou inadequados para solucionar problemas imediatos da comunidade ou, ainda, para embasar uma ordenação jurídica capaz de regê-la no longo prazo.

Sobre este tema, é elucidativo estudo desenvolvido por Jon ELSTER a partir da análise de diferentes

---

[34] SOUZA NETO, Cláudio Pereira de; SARMENTO, Daniel. Op. cit., p. 55.

[35] Sobre a interação entre esses dois conceitos no âmbito do Estado Democrático de Direito, ver BARROSO, Luís Roberto. Op. cit., p. 112-115.

processos históricos de formação de constituições escritas.[36] Partindo da premissa de que a elaboração de uma Constituição exige a tomada de decisões coletivas sob constrangimentos,[37] o autor demonstra como a dinâmica interna dos processos constituintes é afetada por limitações externas, por motivações individuais dos constituintes e por sistemas de agregação (ou seja, os mecanismos pelos quais os objetivos individuais dos constituintes são agregados em escolhas coletivas).[38]

As limitações externas ao processo constituinte são, inicialmente, divididas pelo autor em limitações a montante (*upstream constraints*) ou a jusante (*downstream constraints*), de acordo com o momento em que incidem sobre o trabalho da Assembleia Constituinte.[39] As primeiras antecedem as deliberações dos constituintes e são impostas pela autoridade ou instituição que convoca a Assembleia, ou ainda decorrem do mecanismo institucional por meio do qual os constituintes serão escolhidos.[40] Os constrangimentos a jusante, por sua vez, estão relacionados à exigência de ratificação do produto da Assembleia Constituinte e ao processo correspondente, sendo que a consciência acerca dessa necessidade faz com que as preferências da entidade ratificadora (ou a percepção que se tem dessas prefe-

---

[36] ELSTER, Jon. Forces and mechanisms in the constitution-making process. *Duke Law Journal*, [s.l.], v. 45, n. 2, p. 364-396, nov. 1995. Disponível em: <http://scholarship.law.duke.edu/dlj/vol45/iss2/2/>. Acesso em: 13/11/2017. O autor limita sua análise a processos constituintes da Europa e da América do Norte, admitindo não conhecer o suficiente sobre países de outros continentes para poder interpretar, com segurança, suas experiências constitucionais (p. 370). Porém, acredita-se que suas observações são válidas, se não para todos os processos constituintes, ao menos para aqueles sobre os quais o pensamento e a tradição jurídica ocidental exercem maior influência e nos quais a assembleia constituinte é capaz de desenvolver seus trabalhos com relativa autonomia em relação aos poderes vigentes.

[37] Premissa essa que pode ser associada ao "fato" de que processos constituintes são normalmente deflagrados como consequência de crises ou de alguma espécie de situação excepcional (Ibidem, p. 370).

[38] Ibidem, p. 365.

[39] Ibidem, p. 373.

[40] Ibidem, p. 373-374.

rências) limitem as propostas formuladas pelos elaboradores da Constituição.[41]

No que se refere às motivações dos constituintes, ELSTER registra que estes agem com base em seus próprios desejos ou em suposições que eles constroem acerca das motivações daqueles cujo comportamento deverá ser pautado pela Constituição (eleitores futuros, políticos, juízes), sem que haja, todavia, uma correspondência exata entre esses dois elementos.[42] Essas motivações e suposições motivacionais (*motivational assumptions*) dos constituintes podem se manifestar como interesses, como paixões ou como razão.[43]

Os interesses que influenciam o processo constituinte podem ser individuais, de grupo (como os de partidos políticos ou os de entes federados, em uma federação) e institucionais (como os de um órgão capaz de influenciar as deliberações dos constituintes e, com isso, atribuir-se um papel de relevo na nova ordenação constitucional). O que se deve ressaltar é que tais interesses podem converter-se em disposições constitucionais que assegurem direitos ou prerrogativas autoindulgentes (como seria o caso de uma imunidade parlamentar excessivamente ampla), que estruturem o sistema eleitoral do país (eleições pelo critério majoritário podem beneficiar partidos grandes representados na assembleia constituinte, enquanto eleições pela critério proporcional tendem a favorecer partidos pequenos) e, mesmo, disciplinem a distribuição de competências

---

[41] Ibidem, p. 374-375. O reconhecimento desses constrangimentos externos já serve aos propósitos da presente exposição. Porém, é de se destacar que o próprio ELSTER questiona as categorias de limitações mencionadas (elas seriam, "algo arbitrárias", pois as chamadas constrições a jusante geralmente decorrem de imposições da autoridade a montante) e, mesmo, a ideia de constrangimentos externos ao processo constituinte, uma vez que os "[c]onstituintes não respeitam sempre as instruções de seus criadores a montante, incluindo instruções sobre ratificação a jusante[, e] o constrangimento que pode ser ignorado não é um constrangimento" (em tradução livre).

[42] Ibidem, p. 376.

[43] Ibidem, p. 376-377.

entre entidades e órgãos estatais e o funcionamento do Estado em geral (consagrando, por exemplo, a preponderância de uma das funções estatais sobre as demais).[44] Porém, é necessário considerar, também, que a identificação desses interesses fracionários e de sua influência nem sempre é fácil, pois eles normalmente são revestidos em supostos argumentos imparciais de interesse público.[45]

As paixões que pesam sobre o processo constituinte podem ser súbitas ou permanentes. O reconhecimento da importância delas decorre da constatação de que as condições dos membros da Assembleia Constituinte não costumam diferir substancialmente das do restante da população que estará sujeita às previsões da nova Constituição. Assim, por um lado, se os processos constituintes são frequentemente deflagrados por situações de crise, é provável que esta afete também os constituintes e contamine as suas proposições; por outro, os próprios constituintes não são imunes às paixões permanentes e aos preconceitos que permeiam a sociedade.[46]

Outra forma de paixão, a vaidade também influencia o processo constituinte, seja a vaidade dos membros da Assembleia, seja a que estes supõem possuir aqueles que serão regidos pela Constituição. A consciência acerca de sua própria vaidade pode explicar eventual adoção, pelos constituintes, do sigilo nas deliberações

---

[44] Ibidem, p. 377-382. Os exemplos mencionados são derivados dos utilizados pelo autor citado, extraídos de experiências históricas de elaboração constitucional.

[45] Ibidem, p. 379-380. Apesar de ELSTER limitar essa observação à análise dos chamados interesses de grupo, ela parece válida também para os interesses individuais e interesses institucionais, sendo lícito supor que o argumento de bem comum tende a aumentar as chances de aprovação de uma proposição autoindulgente, fundada em um interesse particular.

[46] Ibidem, p. 383. Para o autor, essa semelhança entre o constituinte e os demais membros da comunidade dificulta que a Constituição cumpra suas duas funções tradicionais, quais sejam, impedir que os "constituídos" ajam de maneira impulsiva e inconsequente e proteger minorias da opressão das maiorias (p. 382-383).

constitucionais, como modo de possibilitar o debate livre de ideias e a mudança de perspectivas, sem receio de julgamento pela opinião pública. A antecipação da vaidade de terceiros reflete-se em disposições que objetivam dificultar que os agentes constituídos sejam impelidos a agir, por vaidade, contra o interesse público (como ocorre na separação entre as funções de acusador e de julgador na jurisdição criminal).[47]

A razão, por fim, é definida por ELSTER como "uma preocupação imparcial pelo bem comum ou por direitos individuais",[48] a qual prevalece sobre as outras espécies de motivação quando da aprovação de disposições constitucionais que se distanciam de interesses fragmentários ou momentâneos dos constituintes e atendem às necessidades presentes e futuras da comunidade política.[49]

As motivações e as suposições motivacionais dos constituintes dão origem às suas preferências quanto aos arranjos institucionais em debate.[50] A agregação dessas preferências não se resume a uma simples operação de soma, mas envolve considerações de diversas ordens. O próprio procedimento da Assembleia deve ser objeto de discussão e aprovação.[51] Além disso, as preferências defendidas pelos constituintes não são necessariamente fixas, nem tampouco vinculadas às preferências de seus eleitores: no curso do processo constituinte, elas podem passar por transformação (por mudança de perspectiva ou por uma nova percepção da relação entre meios e fins) ou ser mal representadas ("misrepresentation", que ocorre quando as manifesta-

---

[47] Ibidem, p. 384.
[48] Ibidem, p. 377. Tradução livre de: "Reason, finally, is characterized by an impartial concern for the public good or for individual rights."
[49] Ibidem, p. 384-386.
[50] Ibidem, p. 386.
[51] Ibidem, p. 386-387.

ções e votos do constituinte representam preferências diversas das suas).[52]

A agregação de preferências também está sujeita às influências da troca de votos entre os constituintes, da forma e da ordem de votação das proposições e do que ELSTER denomina de negociações com base em ameaças (*threat-based bargaining*), mecanismo este associado à origem, em regra, turbulenta das Constituições e à exploração de recursos extrapolíticos por parte dos atores envolvidos em sua elaboração.[53]

Da análise dos fatores discriminados, ELSTER identifica dois "paradoxos básicos" dos processos de elaboração de constituições. O primeiro decorre da constatação de que a necessidade de se criar uma nova Constituição geralmente surge em circunstâncias desfavoráveis para um bom desempenho dessa tarefa. A importância do processo constituinte e a pretensão de que seu produto vigore indefinidamente exigem que os trabalhos da Assembleia se assentem em argumentos racionais e imparciais, assim como que os constituintes se pautem por uma perspectiva de longo prazo. Entretanto, as origens do processo constituinte e a suscetibilidade dos constituintes a pressões de diversas espécies laboram em sentido contrário, incentivando a prevalência de paixões sobre a razão e o recurso a ameaças como método de negociação.[54] O segundo paradoxo, por sua vez, é o de que a disposição do público de se sujeitar

---

[52] Ibidem, p. 387-388. Ainda, a opção dos constituintes pela deliberação pública ou em sigilo pode influenciar o modo como as transformações de preferências mencionadas poderão ocorrer e qual será sua abrangência. Nesse sentido, o autor indica que a discussão sigilosa (embora facilite a negociação com base em interesses) tende a favorecer a transformação de preferências, por melhorar a qualidade da discussão; já o debate público tende a gerar mal-representação de preferências, por incentivar exibicionismo ou teimosia por parte do constituinte, em detrimento da discussão racional.

[53] Ibidem, p. 388-393. No que se refere à negociação embasada em ameaças, ELSTER indica potências estrangeiras, forças militares, terrorismo, controle das massas e previsões eleitorais como exemplos de recursos extra-políticos.

[54] Ibidem, p. 394.

a mudanças drásticas da ordenação constitucional depende da existência de uma necessidade premente para tanto, sem a qual o processo constituinte dificilmente chegará a bom termo.[55]

Cabe observar, neste ponto, que as observações de ELSTER a respeito de processos constituintes históricos vão de encontro às teses apresentadas como sendo as de fundamento da supremacia e da rigidez constitucionais, além de contrariar a narrativa tradicional acerca do poder constituinte. Reconhecidas as limitações dos processos constituintes e as possíveis deficiências da obra dos constituintes originários, os mecanismos de alteração da Constituição não se justificam apenas enquanto resposta à passagem do tempo, mas também podem ser compreendidos como instrumentos de aperfeiçoamento do trabalho da Assembleia Constituinte.

### 1.4. Aspectos da dinâmica constitucional: Poder Constituinte e a reforma constitucional

Como visto nos tópicos anteriores, a demanda pela estabilidade da Constituição está associada ao desejo de preservação das decisões do constituinte originário, por se atribuir um maior valor à participação cívica que as inspira, e à proteção de aspectos fundamentais da comunidade política da ingerência excessiva por parte do legislador ordinário, tido como mais sensível às pressões de maiorias ocasionais. Por outro lado, existe também uma demanda por uma certa flexibilidade da Constituição, que permita que ela seja adaptada diante de novos anseios e necessidades sociais e, assim, preserve sua legitimidade ao longo da vida da comunidade,

---

[55] Ibidem, p. 394-395. Na sequência da definição desses paradoxos, o autor extrai da análise empreendida "implicações normativas" e formula recomendações para limitar a influência dos fatores por ele identificados sobre os processos constituintes, destacando, porém, que as condições em que estes são deflagrados tornam improvável a concretização dessas sugestões.

mas que igualmente possibilite o aperfeiçoamento da obra do constituinte originário, a qual não raramente é limitada pelos constrangimentos próprios do processo constituinte.

Luís Roberto BARROSO registra que o equilíbrio entre essas demandas é perseguido desde o advento das constituições escritas.[56] Ao final, acabou por se consagrar e se difundir a sistemática adotada na Constituição dos Estados Unidos de 1787, assentada na admissão explícita da possibilidade de reforma de seu texto por meio de emendas constitucionais, a serem debatidas e aprovadas mediante procedimento específico e mais complexo do que o estabelecido para a produção legislativa infraconstitucional.[57] Para o autor, essa configuração institucional está na origem da qualidade que caracteriza a maior parte das constituições escritas contemporâneas, qual seja, a rigidez constitucional.[58]

As possibilidades e limites da reforma constitucional são usualmente analisadas com base na Teoria do Poder Constituinte e na distinção entre o poder constituinte originário e o poder constituinte derivado ou instituído. Nessa linha de pensamento, o poder constituinte originário é entendido como um poder ilimitado derivado da soberania nacional ou popular, de natureza política e insuscetível de controle pelos mecanismos jurídicos vigentes, até porque se volta frequentemente a provocar uma ruptura com a ordenação jurídica do

---

[56] BARROSO, Luís Roberto. Op. cit., p. 176.

[57] Idem.

[58] Idem. Nesse sentido também a lição de Rui Machado HORTA: "Não adotando o ritualismo normativo do processo de emenda constitucional, que se revelaria posteriormente nas mencionadas Constituições Francesas, o modelo norte-americano construiu os fundamentos da rigidez constitucional, organizou a técnica da Emenda à Constituição e ofereceu as primeira manifestações da intangibilidade de matérias constitucionais, subtraindo-as a atividade do órgão constituinte de emenda ou revisão, seja de forma temporária ou permanente" (HORTA, Rui Machado. Permanência e Mudança na Constituição. *Revista de informação legislativa*, Brasília, v. 29, n. 115, p. 5-26, jul./set. 1992, p. 6. Disponível em: <http://www2.senado.leg.br/bdsf/item/id/176002>. Acesso em: 13/11/2017).

passado, introduzindo as bases de um ordenamento norteado por uma nova ideia de Direito. O poder constituinte derivado, por sua vez, é um poder de natureza jurídica e essencialmente limitado, eis que inserido no texto constitucional pela vontade do constituinte originário e, por conseguinte, tem seu exercício circunscrito aos limites por ele fixados.

A compreensão do poder constituinte derivado como um poder de natureza jurídica é desenvolvida a partir da necessidade de se conciliar a soberania nacional com o sistema representativo.[59] Na formulação clássica de Emmanuel Joseph SIEYÈS, a Nação é titular do poder constituinte e possui o direito absoluto de modificar a Constituição,[60] ou de substituí-la por uma nova. A Nação é, assim, considerada uma força anterior e externa ao Direito: permanentemente em estado de natureza e livre de quaisquer leis, regras ou formas, não se vincula nem mesmo à Constituição a que dá origem pelo exercício do poder constituinte, considerado expressão de sua vontade.[61]

Embora reconheça a possibilidade de modificação da Constituição, essa concepção contém obstáculos evidentes para que isso ocorra em situações de normalidade institucional ou dentro de parâmetros normativos preestabelecidos (como os exigidos para o funcionamento do sistema representativo). Afinal, a falta de vinculação da Nação a eles torna imprevisíveis os resultados que poderiam advir do exercício do poder constituinte, representando um risco indesejado à manutenção da ordenação constitucional.

Para BONAVIDES, o fundamento para que a Constituição seja modificada por meio de um poder

---

[59] BONAVIDES, Paulo. Op. cit., p. 148.

[60] Ibidem, p. 150. Na passagem, BONAVIDES refere-se ao pensamento de SIEYÈS a partir de obra de Carré de MALBERG (*Contribution à la Theorie Générale de L'État*. t. II. Paris: Sirey, 1922).

[61] Ibidem, p. 150-151.

constituinte juridicamente limitado, atribuído a um órgão para tanto instituído pelo constituinte originário, foi elaborado por Jean-Jaques ROUSSEAU.[62] Assumindo posição mais moderada do que a sustentada em "Do Contrato Social", ROUSSEAU admitiu, em suas "Considerações sobre o governo da Polônia",[63] que as leis estabelecidas pelo corpo social viessem a ser revogadas, desde que fosse observada a mesma solenidade exigida para criá-las.[64] Esse princípio foi incorporado à Constituição francesa de 1791, que declarava o direito imprescritível da Nação de alterar sua Constituição, utilizando os meios nela previstos para reformar os artigos cujos inconvenientes houvessem sido revelados pela experiência (art. 1º do Título VII).[65]

Com base nessas considerações, é possível compreender a reforma constitucional, a ser realizada pelo poder constituinte derivado, como uma técnica jurídica que viabiliza a correção do texto constitucional ou sua adaptação a uma nova realidade, sem atrair os riscos geralmente associados à atuação do poder constituinte originário.[66] Porém, como a finalidade do exercício do poder constituinte derivado é a de modificar a Constituição sem sacrificá-la, é natural que ele se sujeite a limitações decorrentes de sua natureza de poder constituído, assim como da necessidade de preservar a identidade e a continuidade da ordem constitucional a que

---

[62] BONAVIDES, Paulo. Op. cit., p. 201.

[63] ROUSSEAU, Jean Jaques. Considérations sur le Gouvernement de Pologne et sur sa Réformation Projetée en Avril 1772. [S.l.;s.n.], *apud* BONAVIDES, Paulo. Op. cit., p. 201.

[64] BONAVIDES, Paulo. Op. cit., p. 201.

[65] Ibidem, p. 201-202.

[66] Nas palavras de José Afonso da SILVA: "Trata-se de um problema de técnica constitucional, já que seria muito complicado ter que convocar o constituinte originário todas as vezes em que fosse necessário emendar a Constituição. Por isso, o próprio poder constituinte originário, ao estabelecer a Constituição Federal, instituiu um *poder constituinte reformador*, ou *poder de reforma constitucional*, ou *poder de emenda constitucional*" (op. cit., p. 64-65, destaques no original).

está subordinado.[67] As limitações ao poder de reforma encontradas nos textos constitucionais são comumente identificadas como sendo de ordem temporal, circunstancial, formal ou material.[68]

Os limites temporais são aqueles que visam a estabilizar o texto constitucional – ou partes dele – por um período determinado de tempo, durante o qual é vedado o exercício do poder de reforma. Com isso, resguarda-se a nova ordenação constitucional contra alterações precipitadas desencadeadas por um contexto sociopolítico em que ela ainda não se consolidou, garantindo sua manutenção por um período mínimo de vivência prática.[69]

As limitações circunstanciais, por sua vez, voltam-se a impedir que a Constituição seja reformada em situações especialmente definidas pelo constituinte ordinário. Em geral, tais limites reportam-se a situações inusuais ou críticas, que desde logo podem sujeitar a legitimidade de eventual modificação do texto constitucional a questionamento.[70]

Os limites formais impostos ao poder constituinte derivado estão relacionados ao procedimento peculiar que o texto constitucional prevê para a sua própria alte-

---

[67] BARROSO, Luis Roberto. Op. cit., p. 181.

[68] Ibidem, p. 183. Porém, há autores que não colocam as limitações formais à reforma constitucional em uma categoria paralela às demais citadas. José Afonso da SILVA, por exemplo, parece considerar as limitações temporais, circunstanciais e materiais (estas, explícitas ou implícitas) espécies das limitações formais que derivam da disciplina constitucional do poder de reforma (op. cit., p. 65). Já Paulo BONAVIDES distingue as limitações expressas ou explícitas (por sua vez, divididas em limitações temporais, circunstanciais e materiais) das limitações tácitas ou implícitas à reforma, todas "decorrentes da Constituição, a cujos princípios se sujeita, em seu exercício, o órgão revisor" (op. cit., p. 202).

[69] BARROSO, Luis Roberto. Op. cit., p. 183; BONAVIDES, Paulo. Op. cit., p. 203.

[70] BONAVIDES, Paulo. Op. cit., p. 204. Limitação dessa espécie é extraída da previsão do artigo 60, § 1º, da Constituição brasileira de 1988, que contém interdição expressa a que ela venha a ser emendada durante a vigência de intervenção federal, de estado de defesa ou de estado de sítio.

ração. Associados à rigidez constitucional, esses limites dizem respeito aos diversos aspectos referentes ao ritual a ser seguido para a reforma constitucional (como a iniciativa para a apresentação da proposta de emenda, o órgão responsável por deliberar sobre ela ou o quórum necessário para que seja aprovada) e que, em regra, o tornam mais complexo do que o procedimento legislativo infraconstitucional, traduzindo-se em obstáculos e dilações temporais inexistentes neste.[71]

Já os limites materiais dizem respeito ao próprio objeto da reforma constitucional, distinguindo os temas ou as disposições que podem vir a ser alterados por ação do poder constituinte derivado daqueles que o constituinte originário tornou inalcançáveis, inserindo-os nas chamadas cláusulas pétreas ou de intangibilidade.[72] Embora sua previsão expressa não seja uma constante nas constituições contemporâneas,[73] os limites materiais à reforma constitucional são os que mais bem expressam a subordinação do constituinte derivado às atribuições que lhe outorgou o constituinte originário, pois vinculam o esforço de adaptação do texto constitucional a uma realidade social dinâmica ao de preservação da Constituição no tempo, mantendo intactos os elementos nucleares que definem a sua identidade.[74]

---

[71] BARROSO, Luís Roberto. Op. cit., p. 186-188.

[72] BONAVIDES, Paulo. Op. cit., p. 204; BARROSO, Luís Roberto. Op. cit., p. 194.

[73] BARROSO, Luís Roberto. Op. cit., p. 195. Em nota de rodapé (n. 109), o autor registra que a restrição expressa a emendas quanto a determinados conteúdos não é uma regra geral, apesar de a técnica haver se difundido. No entanto, sua exposição demonstra também que as limitações materiais à reforma constitucional fizeram-se presentes das primeiras constituições escritas (inclusive, na norte-americana, de 1787) até as constituições contemporâneas, tornando-se mais comuns no pós-segunda guerra mundial, também por influência da Lei Fundamental alemã de 1949, "a grande referência para o constitucionalismo contemporâneo, em tema de limitação ao poder de reforma" (p. 194-196).

[74] Ibidem, p. 194.

É interessante observar que a retirada de determinadas matérias do espaço de conformação não apenas do legislador ordinário, mas também do constituinte derivado, suscita indagações no que se refere à legitimidade das limitações materiais à reforma constitucional, revelando um novo ponto de embate entre as ideias de estabilidade e flexibilidade da Constituição ou, mesmo, entre constitucionalismo e democracia.

Tratando dessa questão, BARROSO apresenta a manutenção da identidade da Constituição como uma justificativa possível para as restrições materiais à reforma, uma vez que esta deve sempre respeitar os valores e a ideia de Direito subjacente àquela; a substituição destes elementos essenciais da ordenação constitucional exigirá sempre a ação do poder constituinte originário, não sendo passível de delegação aos constituintes derivados.[75] Outra justificativa elaborada pelo autor é a de que as limitações materiais ao poder constituinte derivado promovem a defesa da própria democracia, pois, como "a expressão mais radical de autovinculação ou pré-compromisso", tais restrições mantêm os mecanismos básicos para o funcionamento do Estado Democrático permanentemente fora do alcance das maiorias ocasionais.[76]

Feitas essas observações, tem-se que a maior parte das constituições contemporâneas preveem mecanismos que permitem a alteração de seus textos no curso da história, contribuindo para a longevidade da Constituição e a manutenção de sua força normativa. Tributário dos postulados de rigidez e supremacia constitucional, assim como da distinção teórica entre o poder constituinte e os poderes constituídos, o poder de reforma constitucional é compreendido como um poder (ou competência) de natureza jurídica, subordinado à Constituição vigente e, nessa condição, sujeito a

---

[75] BARROSO, Luís Roberto. Op. cit., p. 196.
[76] Ibidem, p. 196-197.

controle de constitucionalidade.[77] O exercício do poder de reforma constitucional deve-se dar dentro de parâmetros preestabelecidos pelo constituinte originário, os quais têm, em regra, por finalidade última a sustentação da Constituição, com a preservação de sua identidade.

A reforma constitucional é, assim, o método formal de alteração do texto da Constituição, submetida a um rito solene de aprovação e a outras restrições de ordens diversas. A ela, a doutrina costuma contrapor o fenômeno da mutação constitucional, frequentemente definido-o como meio informal de alteração da Constituição.

---

[77] BARROSO, Luís Roberto. Op. cit., p. 182. Também nesse sentido: SILVA, José Afonso. Op. cit., p. 65 e 68.

## 2. Mutação constitucional: origem e evolução do conceito

### 2.1. A mutação constitucional como objeto de análise

Na passagem do século XIX para o século XX, autores da Escola Alemã de Direito Público desenvolveram os estudos pioneiros acerca da mutação constitucional, a qual era referida à modificação do sentido ou do significado da Constituição sem que houvesse alteração de seu texto.[78] Sob a égide da Constituição do Império Alemão de 1871, reuniram-se os pressupostos mínimos para a análise do fenômeno a partir da identificação de contradições existentes entre o texto das previsões constitucionais e a situação constitucional concreta: algum grau de rigidez constitucional e o resgate da compreensão da Constituição como norma obrigatória na tradição jurídica do continente europeu.[79]

Nesse contexto inicial, Paul LABAND se propôs a investigar a mutação constitucional diante da observação de que a Constituição poderia vir a ser transformada à margem do procedimento formal estabelecido para a sua reforma, a despeito de ser ela instrumento normativo dedicado a conferir continuidade e estabi-

---

[78] URRUTIA, Ana Victoria Sánchez. Mutación constitucional y fuerza normativa de la constitución: una aproximación al origen del concepto. *Revista Española de Derecho Constitucional*. [s.l.], n. 58, p. 105-135, jan.-abr. 2000, p. 105. Disponível em: <http://www.cepc.gob.es/publicaciones/revistas/revistaselectronicas?IDR=6&IDN=360&IDA=25497>. Acesso em: 13/11/2017.

[79] Ibidem, p. 107.

lidade ao Direito Estatal, como codificação dos aspectos mais fundamentais deste; Georg JELLINEK dedicou-se a esse tema ao constatar que a rigidez constitucional não bastava como garantia da força normativa da Constituição.[80] Já na vigência da Constituição de Weimar, autores como HELLER, SMEND e DAU-LIN renovaram o estudo da mudança informal das normas constitucionais ao incorporar tal fenômeno a uma concepção dinâmica de Constituição, na qual esta seria retroalimentada continuamente pela realidade política a que está vinculada.[81]

Entretanto, no pós-Segunda Guerra Mundial, o tema da mutação constitucional perdeu prestígio dentre os doutrinadores alemães. Nesse sentido, Konrad HESSE registra que, apesar de amplamente reconhecida, a mutação constitucional recebia pouca atenção da doutrina que lhe foi contemporânea, a qual, quando muito, apresentava apenas explicações sucintas para o fenômeno, sem responder se ele estaria adstrito a limites e quais seriam estes.[82]

HESSE atribui essa aparente falta de interesse a fatores associados a características da Lei Fundamental de Bonn e à evolução constitucional da República Federal que ela instituiu. O período de vigência da Lei Fundamental não seria o único motivo para isso, até porque LABAND identificara como mutações constitucionais eventos que haviam ocorrido nos primeiros 24 anos de vigência da Constituição do Império Alemão.[83] Maior relevância teriam o caráter aberto e flexível da

---

[80] Ibidem, p. 106.

[81] Idem.

[82] HESSE, Konrad. Limites da mutação constitucional. In: ——. *Temas fundamentais do direito constitucional*. São Paulo: Saraiva, 2009. p. 147-171. p. 147-149.

[83] Ibidem, p. 150. Porém, o autor reconheceu que, até o momento em que o trabalho citado foi elaborado, a Lei Fundamental de 1949 ainda não havia passado por "processos profundos de mudança" equiparáveis aos descritos por LABAND e JELLINEK (p. 149).

ordem constitucional inaugurada pela Lei Fundamental, que permitiu que ela se conformasse a circunstâncias concretas variáveis por meio de "mudanças de ênfase" pontuais, e a estruturação de uma Justiça Constitucional robusta, a qual impôs limites à capacidade decisória dos Poderes Legislativo e Executivo no que concerne à aplicação do Direito Constitucional.[84] HESSE destaca, ainda, a importância das reformas constitucionais frequentes que caracterizaram as primeiras décadas da história da República Federal e que ensejaram uma evolução constitucional mitigadora de possíveis conflitos que, em outros contextos, poderiam suscitar a invocação de mutações constitucionais.[85]

Para HESSE, entretanto, o recurso à mutação constitucional pode tornar-se mais frequente quando não se fazem presentes as condições políticas necessárias para a formação das maiorias exigidas para a aprovação das reformas constitucionais ou quando surgem controvérsias acerca da constitucionalidade de leis ou de práticas do poder público.[86] Nessas situações, caberia ao Tribunal Constitucional fornecer uma solução vinculante para o embate, com base em critérios que possibilitem aferir se houve alteração constitucional e se ela se deu dentro de limites aceitáveis, cujo estabelecimento torna-se condição para que se possa reconhecer ou não a ocorrência de uma mutação constitucional e, consequentemente, para que se possa diferenciar atos constitucionais de atos inconstitucionais.[87]

Nesse ponto, HESSE destaca a diferença de tratamento que a doutrina alemã do segundo pós-guerra dedicou à questão dos limites da mutação constitucional e à dos limites impostos à reforma constitucional, mais amplamente analisada, ressaltando, todavia, que

---

[84] HESSE, Konrad. Limites da mutação constitucional. Op. cit., p. 149-150.
[85] Ibidem, p. 150.
[86] Ibidem, p. 150-151.
[87] Idem.

"estamos unicamente diante de duas faces de uma mesma tarefa: a garantia da Constituição exige o controle e, se for o caso, o bloqueio de diversas vias de irrupção, ficando incompleta quando alguma delas não é atendida".[88]

É interessante observar que o tema da mutação constitucional não recebeu atenção semelhante à despendida pelos doutrinadores alemães nos demais países do continente europeu, tendo despertado um interesse maior apenas em tempos mais recentes.[89] Nos Estados Unidos, por outro lado, houve o desenvolvimento de uma perspectiva própria no que se refere às mudanças constitucionais ocorridas à margem dos mecanismos formais de reforma, em razão das características da Constituição e do sistema jurídico daquele país.

Para BARROSO, o caráter sintético da Constituição norte-americana e a textura aberta de muitas de suas normas, bem como as peculiaridades da atuação jurisprudencial em sistemas de *common law* (nos quais os membros do Poder Judiciário exerceriam um "papel mais discricionário e criativo"), levaram à elaboração de diversas teses jurisprudenciais em matéria constitucional sem lastro em previsões expressas no texto da Constituição.[90] Apesar disso, a história constitucional norte-americana seria marcada, também, por situações em que teria havido, propriamente, mudanças informais da Constituição, como demonstram a superação, pela Suprema Corte, da jurisprudência de matriz liberal prevalecente na chamada era Lochner em favor

---

[88] HESSE, Konrad. Limites da mutação constitucional. Op. cit., p. 149.

[89] BARROSO, Luís Roberto. Op. cit., p. 158. Ver também: FERRAZ, Anna Cândida da Cunha. Mutação, reforma e revisão das normas constitucionais. In: CLÈVE, Clèmerson Merlin; BARROSO, Luís Roberto (orgs.). *Doutrinas essenciais de direito constitucional*: teoria geral da constituição. v.1. São Paulo: Revista dos Tribunais, 2011. p. 765-793. p. 781-782.

[90] BARROSO, Luís Roberto. Op. cit., p. 159. Como exemplo de tais teses, o autor menciona "a teoria dos poderes implícitos, a imunidade tributária recíproca entre os entes da Federação, a doutrina das questões políticas, o direito de privacidade, dentre muitas outras".

de uma mais favorável às políticas do *New Deal* ou, a partir da década de 1950, a expansão dos direitos civis naquele país, em virtude de transformações constitucionais provocadas ora por decisões da Suprema Corte, ora pela edição de importantes estatutos legais.[91]

Não há dúvida de que o estudo da experiência constitucional norte-americana possibilita uma apreciação das mudanças importantes por que passou aquela comunidade constitucional, assim como dos processos políticos e sociais que conduziram a elas. Porém, a validade dessa abordagem para a compreensão do problema da mutação constitucional mostra-se algo limitada, seja pelas diferenças marcantes entre o sistema jurídico-constitucional norte-americano e os sistemas de tradição romano-germânica, seja por se tratar de uma perspectiva mais centrada em uma análise descritiva do que nos pressupostos e nas implicações jurídicas do fenômeno estudado. Desse modo, embora seja reveladora de como a tensão entre estabilidade e dinâmica constitucionais se apresenta e é solucionada no contexto norte-americano, essa perspectiva pouco contribui para a definição do que seja a mutação constitucional e de quais são seus limites.

## 2.2. Constituição do Império Alemão e a origem da mutação constitucional

A Constituição do Império Alemão de 1871 foi resultado do processo de unificação dos Estados Germânicos. Contudo, a União Alemã que ela consagrou abrangia Estados de configurações diversas, que variavam de monarquias absolutistas a cidades livres republicanas. A nova ordenação constitucional foi sobreposta a estruturas confederativas precedentes e à organização institucional de cada um de Estados-Membros,

---

[91] BARROSO, Luís Roberto. Op. cit., p. 159-160.

não tendo havido uma adaptação formal completa desses ordenamentos individuais ao inaugurado pela Constituição, o que contribuiu para gerar incertezas quando à sistematicidade deste.[92]

Essa Constituição não era particularmente rígida em seu aspecto formal; na prática, porém, qualquer tentativa de reforma estava condicionada ao assentimento da Prússia, força hegemônica na nova União, que mantinha 17 delegados no Conselho Federal ("Bundesrat"), enquanto a rejeição à proposta de reforma exigia apenas que ela recebesse 14 votos em sentido contrário.[93] Além disso, não havia previsão de mecanismos de controle de constitucionalidade das leis.[94]

Diante dessa conjuntura institucional, autores vinculados à denominada Escola Alemã de Direito Público elaboraram as primeiras investigações a respeito da mutação constitucional. Paul LABAND e Georg JELLINEK integraram essa escola de pensamento jurídico, a qual inaugurou uma tradição científica no estudo do direito público na Alemanha, partindo do pressuposto metodológico de que deveria haver a separação entre Direito e Política e, por conseguinte, o isolamento da análise do Direito Público em relação aos acontecimentos políticos.[95]

LABAND compreendia a Constituição como norma jurídica em sentido estrito, mas, ainda assim, suscetível de alteração sem que fossem observados os procedimentos formais de reforma. Isso seria possível porque, ao lado de previsões de menor importância e de pouco interesse para a população, ela conteria também disposições relativas aos elementos essenciais do Estado, os quais poderiam vir a ser transformados de modo profundo independentemente de modificações

---

[92] URRUTIA, Ana Victoria Sánchez. Op. cit., p. 106-107.
[93] Ibidem, p. 107.
[94] Ibidem, p. 112.
[95] Ibidem, p. 107-108.

formais ao texto constitucional.[96] Assim, as mutações constitucionais expressariam contradições entre o texto constitucional e a denominada situação constitucional, sendo aquelas reflexo de alterações desta situação desacompanhadas de modificação formal da Constituição.[97]

A partir do estudo de alterações da Constituição alemã de 1871 e de experiências constitucionais de outros países, Georg JELLINEK definiu a mutação constitucional como sendo a modificação da Constituição que deriva de fatos desassociados de propósito ou de consciência em relação à mudança que produzem, deixando formalmente inalterado o texto constitucional.[98] Ou seja, a intenção ou a consciência acerca da alteração provocada é utilizada como fator de discriminação entre a mutação constitucional e a reforma constitucional, sendo esta entendida como a modificação do texto constitucional em decorrência de ações voluntárias e intencionais.[99]

---

[96] LABAND, Paul. Die Wandlungen der Deutschen Reichsverfassung. In: ——. *Abhandlungen und Rezensionen*. v. 1. Leipzig: [s.n.], 1980, p. 574-575, *apud* URRUTIA, Ana Victoria Sánchez. Op. cit., p. 108.

[97] LABAND, Paul. *Die Wandlungen der Deutschen Reichsverfassung*. [s.l.: s.n.], 1895, p. 3, *apud* HESSE, Konrad. Limites da mutação constitucional, p. 151-152. Segundo URRUTIA, LABAND descreveu três vias por meio das quais teria ocorrido a alteração informal da Constituição do Império Alemão durante o período por ele analisado: regulação de elementos centrais do Estado por lei ordinária, por falta de disciplina constitucional (ou por disciplina constitucional insuficiente), caso em que o aperfeiçoamento e a transformação da situação constitucional se daria pela legislação infraconstitucional, ou seja, sem alteração formal da Constituição; modificação de elementos centrais do Estado por leis contrárias ao conteúdo da Constituição; e alteração desses mesmos elementos em razão de usos e costumes dos poderes públicos (op. cit., p. 108).

[98] JELLINEK, Georg. *Reforma y Mutación de la Constitución*. Tradução para espanhol de Christian Föster. Madrid: Centro de Estudios Constitucionales, 1991, p. 7, *apud* URRUTIA, Ana Victoria Sánchez. Op. cit., p. 110. Ver também: HESSE, Konrad. Limites da mutação constitucional, p. 152.

[99] URRUTIA, Ana Victoria Sánchez. Op. cit., p. 110. A autora observa que a concepção ampla de reforma constitucional admitida por JELLINEK desconsidera se a alteração intencional da Constituição é ou não conforme o Direito, de modo que mesmo a revolução ou o costume constitucional poderiam ser considerados meios válidos de reforma.

No que concerne à mutação constitucional, JELLINEK dividiu os casos por ele descritos em categorias distintas, de maneira pouco sistemática.[100] Ao lado de mudanças de menor importância, tratou de alterações que poderiam levar ao desmantelamento da ordem vigente e à reconstrução do Estado como um todo.[101] Ainda, embora JELLINEK tenha descrito circunstâncias em que a suposta mutação constitucional teria provocado a alteração do conteúdo da Constituição (em casos em que uma interpretação equivocada de normas constitucionais difunde-se e impõe-se na prática de seus destinatários, por exemplo), a ênfase de seu trabalho estava nas mutações que refletiam mudanças da situação constitucional, e não do conteúdo das normas constitucionais.[102]

Ambos os autores consideravam impossível o controle jurídico das mutações constitucionais, mesmo se contrárias ao texto da Constituição. LABAND entendia que a expectativa de harmonia entre a Constituição e as leis ordinárias era mero postulado de política legislativa, sem vinculatividade jurídica,[103] enquanto JELLINEK concluía que as normas jurídicas eram incapazes de disciplinar o poder estatal, assim como que as forças políticas seguiam leis próprias e prescindiam de formas jurídicas.[104]

---

[100] HESSE, Konrad. Limites da mutação constitucional, p. 155; URRUTIA, Ana Victoria Sánchez, op. cit., p. 111. Sobre as diferentes espécies de mutação constitucional apresentadas por JELLINEK, esta autora acrescenta: "Assim, faz referência à mutação constitucional por meio da prática parlamentar, pela administração e pela jurisdição; à necessidade política como fator de transformação da Constituição; à mutação constitucional resultante da prática convencional; à mutação da Constituição pelo desuso das faculdades estatais e ao problema das mutações constitucionais em consequência das lacunas da Constituição e sua integração" (em tradução livre).

[101] HESSE, Konrad. Limites da mutação constitucional, p. 156.

[102] Idem.

[103] LABAND, Paul. *Le Droit Public de l'Empire Allemand*. v.2. Paris: Giard & Brière, 1901, p. 314, *apud* URRUTIA, Ana Victoria Sánchez. Op. cit., p. 110.

[104] JELLINEK, Georg. *Reforma y Mutación de la Constitución*. Tradução para espanhol de Christian Föster. Madrid: Centro de Estudios Constitucionales, 1991, p. 84, *apud* URRUTIA, Ana Victoria Sánchez. Op. cit., p. 113.

Para URRUTIA, a Escola Alemã de Direito Público levou a noção de alteração constitucional a um grau elevado de desenvolvimento, mas a falta de instrumentos de controle de constitucionalidade e as características da Constituição alemã de 1871 inviabilizaram uma delimitação mais precisa da reforma constitucional e da mutação constitucional. Em razão disso, o estudo deste fenômeno acabou se limitando à descrição fática de hipóteses em que teria havido a mudança informal da Constituição, evidenciando inclusive a perplexidade dos autores da época diante das contradições entre o texto constitucional e as circunstâncias fáticas.[105]

Essa observação pode ser complementada pela crítica de HESSE no sentido de que Paul LABAND e Georg JELLINEK não lograram explicar juridicamente a mutação constitucional, nem tampouco definir quais seriam seus limites,[106] o que ele atribui ao positivismo jurídico prevalecente quando da elaboração dos trabalhos em comento.[107] As premissas metodológicas dessa linha de pensamento – a cisão rígida entre as dimensões jurídica e fática e "a rejeição de quaisquer considerações históricas, políticas e filosóficas do processo de argumentação jurídica" – inviabilizavam uma compreensão jurídica da interferência da realidade sobre o conteúdo das normas constitucionais.[108] A um só tempo, as condições fáticas são excluídas da norma jurídica, mas também consideradas capazes de modificá-la e substituí-la de fora da esfera jurídica, de um modo que só pode ser explicado politicamente, por uma "situação constitucional" nova, que é assim convertida em Direito.[109] Com tal lógica, confere-se aos fatos consumados uma força determinante que os livra da possibilidade

---

[105] URRUTIA, Ana Victoria Sánchez. Op. cit., p. 113.
[106] HESSE, Konrad. Limites da mutação constitucional, p. 154.
[107] Ibidem, p. 157.
[108] Idem.
[109] Ibidem, p. 158.

de controle jurídico e, consequentemente, fica impossibilitada a estipulação de limites ao fenômeno da mutação constitucional.[110]

## 2.3. República de Weimar e o desenvolvimento do conceito

No conturbado período de entreguerras, vigeu a Constituição alemã de 1919, também conhecida como Constituição da República de Weimar. Essa Carta destacou-se por ser uma das primeiras a reconhecer direitos sociais ao lado dos direitos individuais clássicos, o que alimentou debates teóricos acerca de que espécie de Estado ela visava instituir.[111] Também inovou em relação à ordenação constitucional que a antecedeu por abranger mecanismos jurisdicionais voltados a defender sua primazia sobre o direito anterior, bem como a preponderância do direito do "Reich" alemão sobre o dos Estados-Membros que o compunham ("Länder"), embora não trouxesse ainda modalidade concentrada de controle jurisdicional de constitucionalidade.[112]

Em meio à instabilidade política e econômica que se seguiu à derrota alemã na Primeira Guerra Mundial, houve um aumento contínuo dos poderes do Presidente do Reich durante a República de Weimar. Desde que a

---

[110] HESSE, Konrad. Limites da mutação constitucional, p. 158.

[111] URRUTIA, Ana Victoria Sánchez. Op. cit., p. 114. Sobre as discussões travadas a respeito da natureza do Estado fundado pela Constituição de Weimar, ver nota de rodapé n. 27, na página indicada.

[112] Ibidem, p. 114-115. Na passagem, a autora descreve três sistemas parciais de controle jurisdicional, quais sejam, o controle abstrato da primazia do direito estatal sobre o direito dos "Länder", exercido pelo Tribunal do Reich; controle de conflitos constitucionais entre órgãos constitucionais ou entes regionais, a cargo do Tribunal de Estado do Reich Alemão; e controle difuso dos juízes sobre o direito pré-constitucional, por força da cláusula derrogatória prevista na Constituição de 1919. Em decorrência do exercício desta atribuição, os juízes acabaram por assumir também a função de controle difuso da constitucionalidade de leis, uma postura que "não foi recebida com entusiasmo por muitos dos defensores da Constituição de Weimar" (em tradução livre; ver p. 115, nota n. 29).

Constituição alemã de 1919 entrou em vigor, os poderes extraordinários conferidos a ele para o enfrentamento de situações de crise são interpretados extensivamente, tendo-se chegado a admitir, inclusive, que o Presidente legislasse em matéria econômica diante de quadros de crise financeira.[113]

Por outro lado, o direito público alemão passou por significativa renovação teórica no período de entreguerras.[114] A instabilidade pela qual passava o país inspirou esforços teóricos por uma melhor compreensão das mudanças por que a Constituição poderia passar e da relação entre ela e a realidade política. Nesse contexto, Rudolf SMEND e Herman HELLER desenvolveram concepções dinâmicas de Constituição e transformaram a noção de mutação constitucional elaborada por JELLINEK em um elemento da Teoria da Constituição, enquanto Hsü DAU-LIN buscou reformular esse conceito de um modo sistemático.[115]

Para SMEND, o Estado deveria ser entendido como uma realização cultural fluída, que exigiria constante alteração e renovação; ele não seria, assim, um dado material e estático, mas uma unidade de sentido que tem no processo de sua integração a força motriz de sua dinâmica vital.[116] À Constituição seria reservada a tarefa de regular juridicamente a integração estatal e, por isso, ela é compreendida como a corporificação normativa deste processo. Como norma, ela visaria conter a ação das forças sociais em movimento, mas não seria capaz de disciplinar a vida estatal em todos os seus detalhes, até porque desta adviriam sempre novas situações não previstas nas normas constitucionais. Por isso, a Constituição não poderia pretender regular hipóteses específicas,

---

[113] URRUTIA, Ana Victoria Sánchez. Op. cit., p. 115.

[114] Ibidem, p. 113-114.

[115] Ibidem, p. 116.

[116] SMEND, Rudolf. *Constitución y derecho constitucional*. Tradução para espanhol de José Mª Beneyto Pérez. Madrid: Centro de Estudios Constitucionales, 1985, p. 62-63, *apud* URRUTIA, Ana Victoria Sánchez. Op. cit., p. 119-120.

estando voltada a abranger o Estado e seu processo de integração em suas totalidades, o que demandaria uma interpretação extensiva e flexível de suas normas.[117]

Seguidas tais premissas, a mutação constitucional seria uma consequência natural do papel assumido pela Constituição.[118] Se o sentido desta está na regulação da totalidade do Estado e de seu processo de integração, caberia ao Direito Constitucional realizá-lo, de maneira otimizada, em meio a circunstâncias sempre sujeitas a variação, cuja transformação poderia implicar alterações nos elementos componentes da vida constitucional ("fatores, institutos e normas constitucionais") e nas relações de nível e peso estabelecidas entre eles.[119] Desse modo, o processo de integração regulado pela Constituição seria o responsável pela evolução contínua do próprio Direito Constitucional.[120]

Com base em elementos dessa construção teórica e sob a orientação de Rudolf SMEND, Hsü DAU-LIN elaborou uma investigação mais aprofundada sobre a mutação constitucional, por meio da qual "sintetiza, sistematiza e completa todos os trabalhos conhecidos sobre mutação constitucional que se havia produzido até essa época".[121] Seu estudo partiu da distinção

---

[117] SMEND, Rudolf. *Constitución y derecho constitucional*. Op. cit., p. 133-134, *apud* URRUTIA, Ana Victoria Sánchez. Op. cit., p. 122.

[118] SMEND, Rudolf. Verfassung und Verfassungsrecht. In: ——. *Staatsrechtliche Abhandlungen*. 2. ed. [S.l.: s.n.], 1968, p. 188, *apud* HESSE, Konrad. Limites da mutação constitucional, p. 159.

[119] HESSE, Konrad. Limites da mutação constitucional, p. 159. A exposição de HESSE é complementado pela análise de URRUTIA a respeito das regras gerais de interpretação constitucional na teoria de Rudolf SMEND (op. cit., p. 124-125). Em síntese, essas regras são as seguintes: os eventos individuais do direito público não devem ser interpretados isoladamente, mas como parte do "todo funcional da integração"; as normas constitucionais compõem o "sistema de contexto integrativo", no qual assumem valores distintos e, com isso, níveis diferenciados; a viabilidade e, por conseguinte, a possibilidade de mutação são características da Constituição.

[120] SMEND, Rudolf. Verfassung und Verfassungsrecht. In: ——. *Staatsrechtliche Abhandlungen*. 2. ed. [S.l.: s.n.], 1968, p. 241 e ss., *apud* HESSE, Konrad. Limites da mutação constitucional, p. 159.

[121] URRUTIA, Ana Victoria Sánchez. Op. cit., p. 125.

entre as situações em que há congruência entre as normas constitucionais e a realidade (seja por a realidade seguir o que prevê a norma, seja por esta se conformar àquela, por meio da alteração formal da Constituição) e aquelas em que há uma dissociação entre as duas dimensões, sendo justamente esta relação de incongruência entre realidade e norma constitucional o que definiria a mutação constitucional.[122]

Assim entendida, a mutação não seria quebra da Constituição, nem tampouco "regra convencional".[123] Embora dissonante em relação ao texto da Constituição ou impassível de enquadramento nas formas jurídicas tradicionais, a mutação constitucional seria Direito, com fundamento na unidade de valores do Direito Constitucional, na necessidade política e na vitalidade de um Estado em constante evolução.[124] E mais, ela decorreria da "tripla especificidade" da Constituição em relação ao restante do ordenamento jurídico, desdobrada na incompletude e elasticidade de suas normas diante das necessidades vitais do Estado; nas particularidades relativas à regulação jurídica do Estado, visto como um fim em si mesmo; e na eficácia limitada da força e garantias da Constituição, por inexistir instância superior que imponha sua observância.[125]

---

[122] DAU-LIN, Hsü. *Die Verfassungswandlung*. Berlin e Leipzig: Walter de Gruyter & Co, 1932, p. 17-20, *apud* URRUTIA, Ana Victoria Sánchez. Op. cit., p. 126. Esta autora registra que Hsü DAU-LIN discriminou quatro quadros possíveis de mutação constitucional: a que ocorre em razão de uma prática estatal que não contraria a Constituição; a que resulta da impossibilidade de exercício de atribuições previstas na Constituição; a mutação que deriva de prática constitucional contrária à Constituição; e a que se dá por meio de interpretação da Constituição. Para uma síntese acerca dos pressupostos e consequências de cada uma dessas formas de mutação constitucional, ver: URRUTIA, Ana Victoria Sánchez. Op. cit., p. 126-130.

[123] DAU-LIN, Hsü. Die *Verfassungswandlung*. Op. cit., p. 164, *apud* URRUTIA, Ana Victoria Sánchez. Op. cit., p. 132.

[124] Idem.

[125] URRUTIA, Ana Victoria Sánchez. Op. cit., p. 132-133; HESSE, Konrad. Limites da mutação constitucional, p. 159.

Haveria, assim, uma relação intrínseca entre a mutação constitucional e a unidade de sentido e o caráter evolutivo do Estado, regulado juridicamente pela Constituição.[126] Dado o comprometimento desta com a totalidade do Estado, o cumprimento de preceitos específicos teria importância menor, no que concerne à realização do sentido da Constituição, do que a satisfação das tarefas impostas pelas necessidades vitais condutoras da dinâmica estatal, ainda que contrárias ao texto das normas constitucionais.[127]

Embora tenha admitido haver mutações constitucionais indesejadas, por importarem na alteração do próprio sistema de sentido da Constituição ou atentarem contra intenções expressas das normas constitucionais, Hsü DAU-LIN não formulou parâmetros seguros para distingui-las das mutações que, em seu entendimento, estariam em harmonia com a Constituição.[128] Além disso, ele tampouco logrou apresentar uma solução satisfatória para a questão dos limites da mutação constitucional, até mesmo por estabelecer uma vinculação desse fenômeno à noção de necessidade política.[129]

Segundo HESSE, os trabalhos de SMEND e DAU-LIN contêm uma fundamentação jurídica da mutação constitucional. Na concepção deles, não são elementos externos ao Direito ("fatos" ou "mudanças na situação constitucional") que alteram a Constituição, mas sim a realidade que lhe é incorporada por meio da formulação das necessidades políticas. A dinâmica do Estado, à qual a Constituição deve responder, influi sobre o conteúdo das normas constitucionais, podendo torná-lo até mesmo incoerente com os respectivos textos; porém o novo conteúdo da norma não seria uma simples

---

[126] URRUTIA, Ana Victoria Sánchez. Op. cit., p. 132.
[127] DAU-LIN, Hsü. *Die Verfassungswandlung*. [s.l.: s.n.], 1932, p. 162 e ss., *apud* HESSE, Konrad. Limites da mutação constitucional, p. 159-160.
[128] URRUTIA, Ana Victoria Sánchez. Op. cit., p. 134-135.
[129] Idem; HESSE, Konrad. Limites da mutação constitucional, p. 160.

imposição da realidade, mas um sentido superior, originado da sensibilidade da Constituição em relação às necessidades do Estado.[130]

Porém, tal perspectiva permanece incapaz de definir os limites da mutação constitucional e, assim, conduz a resultados práticos semelhantes aos dos autores da Escola Alemã de Direito Público, sendo a única medida da mutação constitucional seu sucesso em concretizar-se de fato. HESSE atribui essa ausência de limites a uma "conexão demasiado indistinta" entre Direito Constitucional e realidade, bem como a uma "grave simplificação da problemática no que se refere à Teoria do Estado e da Constituição", a qual se reflete na menção às necessidades vitais de um Estado considerado apenas em uma perspectiva abstrata.[131]

Para HESSE, apenas em um Estado Constitucional historicamente situado, é que as necessidades vitais podem compor o sentido da Constituição. No entanto, em tal contexto, elas já não podem ser resumidas a demandas políticas pontuais, devendo abranger também "a função racionalizadora, estabilizadora e limitadora do poder que assume a Constituição".[132] A realização dessa função exige uma adesão ampla da comunidade ao texto da Constituição e da consciência de que, apesar de sujeito à interpretação, ele vincula a todos e expressa certas decisões cujo questionamento futuro é dificultado ou impedido.[133] Ao se atribuir uma eficácia determinante às práticas políticas, em detrimento do previsto no texto constitucional, sacrifica-se aquela

---

[130] HESSE, Konrad. Limites da mutação constitucional, p. 161.

[131] Idem.

[132] Idem.

[133] Ibidem, p. 161-162. HESSE acrescenta: "Se o texto da Constituição é igualmente vinculante para todos, inclusive para os governantes, então se conta com uma base comum de argumentação; obriga a explicar se uma conduta coincide ou não com a Constituição; exime de estar continuamente solucionando questões já decididas, dificultando ou impedindo novos questionamentos; é, sobretudo, elemento irrenunciável da proteção que a Constituição exerce em favor dos grupos não hegemônicos".

função essencial ao Estado Constitucional em prol de "necessidades" de validade duvidosa, possibilitando-se a utilização da Constituição não como uma ordem dirigida a todos os membros da comunidade, mas como instrumento de dominação daqueles que possuem a força para impor sua concepção acerca do que é politicamente necessário.[134]

Herman HELLER também associou a mutação constitucional à natureza da Constituição, a qual ele identificava com a própria organização material do Estado e considerava sujeita à influência das relações reais de poder.[135] Para ele, a Constituição seria composta pelas dimensões da normalidade, formada por elementos não normados, e da normatividade, dividida em elementos normados juridicamente e elementos normados extrajuridicamente, entre as quais se estabeleceria uma relação recíproca de complementação.[136]

Os princípios constitucionais e os princípios gerais do Direito representariam a normatividade constitucional extrajurídica e, sendo carentes de um conteúdo certo e passíveis de desenvolvimento, assumiriam um papel transformador da Constituição, ao permitir o ingresso da realidade social em constante mudança (pertencente ao campo da normalidade) na dimensão da normatividade estatal. Com isso, tornar-se-ia possível uma "revolução" do sentido de um preceito constitucional sem que houvesse alteração de seu texto, sendo assim mantida a percepção da continuidade do Direito em meio à comunidade jurídica.[137]

---

[134] HENNIS, Wilhelm. *Verfassungsrecht und Verfassungswirklichkeit*: Ein deutsches Problem. [S.l.: s.n.], 1968, p. 162, *apud* HESSE, Konrad. Limites da mutação constitucional, p. 162.

[135] URRUTIA, Ana Victoria Sánchez. Op. cit., p. 116.

[136] HELLER, Hermann. *Teoría del Estado*. Tradução para espanhol de Luis Tobío. 7. reimp. México: FCE, 1981, p. 269, *apud* URRUTIA, Ana Victoria Sánchez. Op. cit., p. 117. Ver também: HESSE, Konrad. Limites da mutação constitucional, p. 163.

[137] URRUTIA, Ana Victoria Sánchez. Op. cit., p. 117; HESSE, Konrad. Limites da mutação constitucional, p. 163. Sobre o papel dos princípios na teoria

Para Konrad HESSE, entretanto, essa tese não oferece uma explicação jurídica para o fenômeno da mutação constitucional, pois ainda trata as dimensões do ser (normalidade) e do dever ser (normatividade) como elementos separados que, embora coordenados, mantêm entre si uma relação indefinida de complementação mútua.[138] Por outro lado, embora observe que HELLER não respondeu explicitamente à questão dos limites da mutação constitucional, HESSE deduz que a relação estabelecida entre normalidade e normatividade impõe que esta dimensão seja compreendida como limite à mutação (embora ainda um limite "genérico e difícil de precisar-se"), eis que coordenação alguma poderia subsistir caso um dos polos dessa relação viesse a ser anulado, o que ocorreria se houvesse a desconsideração total da norma constitucional pela realidade social.[139]

## 2.4. Lei fundamental de Bonn e a mutação constitucional no pensamento de Konrad Hesse

Em 1949, foi promulgada a Lei Fundamental de Bonn, que resgatou valores democráticos após o trauma

---

de HELLER, é elucidativa a seguinte passagem, transcrita por URRUTIA: "Que a permanência da norma possa ser harmonizada na mudança ininterrupta da realidade social se deve, em grande parte, a que a normalidade social que se expressa nos princípios jurídicos vai transformando-se na corrente imperceptível da vida diária. Por meio da evolução gradual dos princípios jurídicos pode ocorrer que, não obstante permaneça imutável o texto do preceito jurídico, seu sentido experimente uma completa revolução, ainda que reste salvaguardada a continuidade do direito diante dos membros da comunidade jurídica" (HELLER, Hermann. *Teoría del Estado*. Tradução para espanhol de Luis Tobío. 7. reimp. México: FCE, 1981, p. 277, *apud* URRUTIA, Ana Victoria Sánchez. Op. cit., p. 117-118 – em tradução livre).

[138] HESSE, Konrad. Limites da mutação constitucional, p. 163-164.

[139] Ibidem, p. 164. URRUTIA registra, porém, a menção de HELLER a mutações constitucionais "que supõem a superação dos elementos normados pela normalidade", ou seja, a situações em que "a normatividade pode perder sua capacidade normalizadora e o uso social – a realidade não normada –, pode revelar-se mais forte do que a norma estatal" (em tradução livre; op. cit., p. 117-188).

do nacional-socialismo alemão e da derrota do país na Segunda Guerra Mundial. Há nela claro destaque à proteção da dignidade da pessoa humana e dos direitos fundamentais, com ênfase nos direitos individuais tradicionais. Ainda, embora não estabelecidos expressamente, direitos fundamentais de corte social são reconhecidos a partir da cláusula do Estado Social contida na Lei Fundamental, a qual ainda reserva ao Estado a primazia na atuação em áreas de maior sensibilidade para a sociedade, como é a da educação.[140]

A Lei Fundamental de Bonn consagrou a forma federativa de Estado e organizou o governo de acordo com os postulados da República Parlamentar, orientada pelo princípio da supremacia da Constituição.[141] A Carta não apenas é rígida, como também tornou-se um marco no que concerne às limitações materiais à reforma constitucional, tendo estabelecido cláusulas pétreas relativas à divisão da Federação alemã em Estados, à participação destes na produção da legislação federal e aos princípios atinentes à proteção da dignidade da pessoa humana e à defesa do Estado Democrático de Direito, regido pela Constituição.[142]

Houve, ainda, a previsão expressa de mecanismos jurisdicionais de controle de constitucionalidade, vinculados, na esfera federal, à atividade do Tribunal Constitucional Federal.[143] Composto por membros escolhidos pelas duas câmaras do Poder Legislativo federal (o Parlamento e o Conselho Federal), o Tribunal Constitucional concentrou as competências para o exercício do controle abstrato de constitucionalidade de normas federais ou estaduais; para o exercício do controle concentrado de constitucionalidade no exame de casos concretos, quando estes exigem a resolução de questões

---

[140] BARROSO, Luís Roberto. Op. cit., p. 60.
[141] Ibidem, p. 61.
[142] Ibidem, p. 61-62; ver também p. 195-196.
[143] Ibidem, p. 63.

constitucionais; e para o julgamento das queixas constitucionais contra atos de autoridades públicas.[144]

É nesse contexto institucional que HESSE elaborou sua própria teoria acerca da mutação constitucional, em grande medida a partir da discussão e da crítica das propostas anteriores. Seu estudo sobre o tema, assim como o da reforma constitucional, é embasado no pressuposto de que "[t]oda Constituição é Constituição no tempo", o que implica dizer que o cumprimento das tarefas da Constituição demanda que o conteúdo das normas desta seja capaz de acompanhar as mudanças por que passa a realidade social a que se reportam.[145] Por outro lado, esse mesmo mister exige também que sejam preservadas a força normativa e a identidade da Constituição, sob pena de ela ser reduzida "a mero reflexo das relações de poder existentes em cada momento".[146]

HESSE adota uma definição restrita da mutação constitucional, limitando o conceito a "modificações do conteúdo de normas constitucionais cujo texto não é modificado".[147] Assim, ele se afasta das caracterizações abrangentes do fenômeno encontradas em trabalhos de autores como LABAND e JELLINEK, que o identificavam nas contradições constatadas entre a lei constitucional e a situação constitucional, provocadas por mudanças nesta sentidas.[148] A justificativa para a opção por uma concepção mais restrita da mutação está na percepção de que aquele enfoque na contradição entre "lei" e "situação" constitucionais pressupunha uma confusão entre duas dimensões distintas, de modo que

---

[144] BARROSO, Luís Roberto. Op. cit., p. 64.

[145] HESSE, Konrad. Constituição e direito constitucional, p. 13.

[146] Ibidem, p. 13-14.

[147] HESSE, Konrad. Limites da mutação constitucional, p. 153-154.

[148] Ibidem, p. 151-152. Porém, como acima registrado, embora JELLINEK tenha enfatizado as mutações verificadas na denominada situação constitucional, ele também chegou a descrever casos em que teria havido alteração do próprio conteúdo da norma constitucional.

a mutação não atingiria propriamente o conteúdo da norma constitucional (que mantém relação com o texto constitucional), mas sim o contexto fático em que a Constituição está inserida e que ela pretende regular.[149]

Além disso, HESSE exclui de seu conceito referências ao período de tempo necessário para concretizar-se a mutação constitucional, assim como à existência de intenção ou de consciência em relação ao processo do qual ela resulta. Para o autor, o aspecto temporal não é útil para definir o fenômeno, pois as mutações constitucionais decorrem de processos de duração indefinida e que "não têm qualquer relação com o caráter mais ou menos remoto da entrada em vigor da Constituição".[150] Quanto ao segundo aspecto, HESSE aponta o contrassenso em se admitir como mutação constitucional a alteração imperceptível ou inconsciente da Constituição: por um lado, seria improvável que uma mutação se concretizasse de modo totalmente desapercebido por todos, e, por outro, tal processo dificilmente prescindiria de algum grau de consciência, ao menos nas situações em que seu reconhecimento depende de alguma espécie de atividade interpretativa. Portanto, essas circunstâncias não podem servir de parâmetro para a definição e a delimitação do fenômeno em questão, embora possam ser eventualmente detectadas em casos concretos de mutação.[151]

No que concerne aos limites da mutação constitucional, HESSE sustenta que as teorias tradicionais não fornecem critérios aptos a afastar a invocação do fenômeno como meio para contornar-se previsões constitucionais, o que enseja a crítica de que a teoria da mutação constitucional vai de encontro à concepção normativa da Constituição.[152] Isso porque seria comum

---

[149] HESSE, Konrad. Limites da mutação constitucional, p. 153-154.
[150] Ibidem, p. 152.
[151] Ibidem, p. 153.
[152] Ibidem, p. 164-165.

àquelas formulações uma compreensão inadequada da interação existente entre realidade e norma constitucional, fundada ora na separação rígida entre essas dimensões, ora na inserção simplista da realidade, traduzida como "necessidade política" ou "necessidade vital do Estado", na Constituição. Nesses extremos, o resultado é o mesmo: atribui-se à realidade preponderância sobre o elemento normativo, entendido como incapaz de se impor diante do fato consumado.[153] Por outro lado, mesmo se a percepção de uma relação de mútua complementação e coordenação entre realidade (normalidade) e norma jurídica (normatividade) permite supor a existência de limites à força dos fatos, tais limites são ainda indefinidos e carecem de uma fundamentação apropriada.[154]

Para solucionar esse problema, HESSE propõe que se compreenda a mutação a partir da noção de que a alteração do conteúdo da norma constitucional é inerente a ela mesma, e não uma imposição ou um desdobramento de circunstâncias exteriores.[155] A essa premissa, semelhante à adotada por SMEND e DAU-LIN, HESSE agrega elementos extraídos da teoria sobre a estrutura das normas constitucionais de Friedrich MÜLLER,[156] fundando assim sua análise acerca da mutação constitucional e de seus limites nos conceitos de "programa normativo" e de "âmbito normativo", os quais se referem, respectivamente, ao "mandato da norma" e à fração da realidade a que ele se reporta, sendo ambos elementos integrantes da norma.[157]

---

[153] HESSE, Konrad. Limites da mutação constitucional, p. 165.

[154] Ibidem, p. 165-166.

[155] Ibidem, p. 166.

[156] Ao abordar aspectos da teoria da estrutura das normas, HESSE faz referência a três trabalhos de Friedrich MÜLLER: Normstruktur und Normativität. [S.l.;s.n.], 1966; Thesen zur Struktur von Rechtsnormen. Archiv für Rechts- und Sozialphilosophie, [s.l], v. 56, n. 4, p. 493-509, 1970; e Normbereiche von Einzelgrundrechten in der Rechtsprechung des Bundesverfassungsgerichts. [S.l.;s.n.], 1969.

[157] HESSE, Konrad. Limites da mutação constitucional, p. 166-167.

A incorporação da realidade à estrutura da norma constitucional é corolário da percepção de que o Direito Constitucional logrará ordenar e conformar a realidade histórica apenas se suas normas forem observadas no cotidiano da comunidade, realizando-se na conduta humana. Por outro lado, dessa estrutura peculiar da norma constitucional resulta a admissão de que mudanças sentidas naquela mesma realidade podem refletir-se no próprio conteúdo da norma constitucional. Isso só ocorrerá, porém, se tais mudanças ocorrerem no interior do âmbito normativo, ou seja, se o fato novo ou modificado pertencer à parcela da realidade efetivamente regida pela norma constitucional e que é delimitada pelo programa normativo fixado no texto correspondente.[158]

Embora HESSE reconheça que essa concepção é carente de maior desenvolvimento e não anula eventuais divergências interpretativas, ele defende que a exigência de uma fundamentação mais elaborada para a mutação da norma constitucional (decorrente da necessidade de provar-se a modificação ocorrida em seu âmbito normativo) atenua a discricionariedade associada às formulações anteriormente utilizadas para explicar ou justificar o fenômeno, dependentes de noções como a da "força normativa do fático" ou das "necessidades vitais do Estado".[159] Desse modo, posto que ausentes elementos suficientes para a formação de uma teoria "acabada" da mutação constitucional, tem-se ao menos uma base teórica que pode fornecer uma resposta ao problema relativo aos limites dessa mutação, assim sintetizada por HESSE:

> Se as modificações da realidade social só devem considerar-se relevantes para o conteúdo da norma enquanto fazem parte do âmbito normativo, se o "programa normativo" resulta determinante a esse respeito e se para este último resulta fundamental o texto da

---

[158] HESSE, Konrad. Limites da mutação constitucional, p. 166-167.
[159] Ibidem, p. 168.

norma, então o conteúdo da norma constitucional só poderá modificar-se no interior do marco traçado pelo texto. A fixação desse marco é uma questão de interpretação, valendo também para ela o que se aplica a toda interpretação constitucional: onde termina a possibilidade de uma compreensão lógica do texto da norma ou onde uma determinada mutação constitucional apareceria em clara contradição com o texto da norma; assim, encerram-se as possibilidades de interpretação da norma e, com isso, também as possibilidades de uma mutação constitucional.[160]

Para HESSE, o estabelecimento do texto como um "limite absoluto" à mutação constitucional não decorre apenas da relação entre norma e realidade constitucionais e da estrutura normativa que dela deriva, mas também da preocupação com a manutenção da função de "estabilização, racionalização e limitação do poder", tão essencial à Constituição quanto a da "constituição e preservação de um Estado eficaz e operativo".[161]

Nesse sentido, a vinculação das condutas humanas ao texto constitucional é compreendida como uma garantia que impede a superação da norma por simples fatos consumados, sem enrijecer por completo a Constituição frente à evolução das condições históricas (em razão da estrutura das normas constitucionais e das possibilidades de interpretação de seus textos).[162] Nos casos em que o texto da norma não comporta interpretação que reflita as mudanças ocorridas na realidade social (ou seja, quando a mutação se revela inadmissível, por esbarrar nos limites dados pelo texto constitucional), restaria ainda a alternativa da reforma constitucional, que nessas circunstâncias poderia oferecer "uma solução que sirva à clareza da Constituição e intensifique a sua força normativa".[163] Observados tais

---

[160] HESSE, Konrad. Limites da mutação constitucional, p. 168.

[161] Ibidem, p. 168-169.

[162] Ibidem, p. 169-170.

[163] Ibidem, p. 170. Nesse mesmo sentido: "Os limites – que amiúde não resulta simples determinar em concreto – da mutação constitucional estão contidos no próprio texto constitucional: resulta inadmissível uma interpretação diferente dos enunciados constitucionais em franca contradição com

parâmetros, preservam-se aqueles dois polos de funções essenciais da Constituição.

HESSE registra, entretanto, que existem situações excepcionais em que tanto a mutação, quanto a reforma constitucional são insuficientes para aliviar a tensão verificada entre funções essenciais da Constituição, mas que podem ser superadas por meio de um esforço em se preservar todas as funções em confronto na maior extensão possível, de modo que permanece inaceitável a invocação de uma suposta força determinante dos fatos.[164] Há, ainda, os casos mais extremos de quebra ou anulação da Constituição, nos quais os fundamentos do Estado são atingidos por eventos exteriores ao Direito, tais como "as usurpações e as revoluções".[165]

Essas situações excepcionais, em especial aquelas em que acontecimentos extrajurídicos conduzem a uma efetiva substituição dos fundamentos do Estado, não são passíveis de controle com base nas teorias dos limites da mutação constitucional ou da reforma constitucional.[166] Todavia, não seria esse o propósito dessas teorias: na concepção de HESSE, os dois fenômenos referem-se a mudanças do conteúdo das normas de uma Constituição que, a despeito delas, preserva seu núcleo essencial e, com isso, sua identidade.[167]

É nesse campo que, para HESSE, a teoria da mutação constitucional e de seus limites se faz necessária, não para justificar a submissão das normas constitucionais aos fatos consumados, mas sim porque é por meio

---

o seu texto. Mais além desse limite, para superar novas situações ou para proceder a reformas, impõe-se a modificação do texto, a reforma constitucional" (HESSE, Konrad. Constituição e direito constitucional, p. 15).

[164] HESSE, Konrad. Limites da mutação constitucional, p. 170.

[165] Idem.

[166] Ibidem, p. 170-171.

[167] Ibidem, p. 170. Esse importante pressuposto da tese do autor é explicitado na nota de rodapé n. 73 da página indicada, nos seguintes termos: "Quando a identidade de uma Constituição concreta é suprimida, deixa de tratar-se de uma mudança, a qual sempre pressupõe que aquilo que muda conserve seu núcleo essencial, mesmo com um conteúdo modificado".

dela que se promove "melhor a defesa da Constituição diante dos perigos de 'mutações constitucionais' ilimitadas do que pela renúncia prévia, explícita ou implícita à elaboração de limites que possam ser respeitados na prática".[168]

---

[168] Ibidem, p. 171.

# 3. A teoria da mutação constitucional no Brasil

## 3.1. Recepção da teoria da mutação constitucional na doutrina brasileira

É no período que se inicia com a redemocratização do país e o advento da Constituição da República de 1988 que o tema da mutação constitucional se torna objeto de estudos específicos e mais aprofundados na doutrina brasileira. Os estudos alemães sobre a mutação constitucional influenciaram, direta ou indiretamente, a análise do tema por autores brasileiros, como indica a própria conceituação do fenômeno na doutrina nacional, assim como a definição de seus pressupostos teóricos, de seus fundamentos e de seus limites.

Entre os autores que admitem a possibilidade de ocorrerem mutações constitucionais, é frequente a associação do fenômeno à relação entre estabilidade e dinâmica da Constituição, sendo ele abordado de modo complementar ao estudo dos meios formais de alteração constitucional.

Anna Cândida da Cunha FERRAZ defende que os mecanismos formais de reforma são insuficientes para a tarefa de adaptação da Constituição às transformações sociais, de modo que mesmo a previsão expressa daqueles não seria capaz de obstar o desenvolvimento de processos informais de mudança constitucional, identificados como "mutações constitucionais".[169] Para Uadi Lamêgo BULOS, haveria complementaridade entre dinamicidade e estabilidade das normas constitucionais, sendo as mudanças informais da Constituição uma expressão daquela primeira dimensão admitida pelo elemento estático.[170] Luís Roberto BARROSO, por sua vez, entende que a legitimidade da mutação constitucional depende do equilíbrio entre a rigidez constitucional, que "procura preservar a estabilidade da ordem constitucional e a segurança jurídica", e a plasticidade das normas constitucionais, necessária para a adequação destas às mudanças da realidade social sem exigir o recurso, a todo momento, aos meios formais de reforma da Constituição.[171]

Dessas noções introdutórias, é possível extrair que as mutações constitucionais são entendidas como processos informais – ou o próprio resultado desses processos – que acarretam uma alteração do sentido da norma constitucional em decorrência das transformações pelas quais passa a sociedade, as quais podem gerar um descompasso ou uma incompatibilidade entre o conteúdo da norma e a realidade que ela pretende reger. Elaborando essa ideia, BARROSO sustenta que tais mutações podem ser consequência de mudanças sentidas na realidade fática ou, ainda, do surgimento de uma percepção diferenciada do Direito, derivada da modificação dos valores sociais com a passagem do tempo.[172]

---

[169] FERRAZ, Anna Cândida da Cunha. Op. cit., p. 780-781.

[170] BULOS, Uadi Lamêgo. Da reforma à mutação constitucional. *Revista de informação legislativa*, Brasília, v. 33, n. 129, p. 25-43, jan./mar. 1996, p. 25-26. Disponível em: <http://www2.senado.leg.br/bdsf/item/id/176380>. Acesso em: 13/11/2017.

[171] BARROSO, Luís Roberto. Op. cit., p. 161-162.

[172] Ibidem, p. 160-161; 171-173. BARROSO registra que a interação entre o sentido, o alcance ou a validade da norma jurídica e mudanças ocorridas na realidade subjacente já foi reconhecida pelo Supremo Tribunal Federal, havendo precedentes em que a Corte balizou a análise de constitucionalidade de normas infraconstitucionais com dados extraídos da realidade, chegando a admitir uma "inconstitucionalidade progressiva" de normas ao reputar constitucional a contagem de prazos processuais em dobro para as Defen-

FERRAZ define a mutação constitucional como "todo e qualquer processo que, sem modificar a letra constitucional, altere ou modifique o sentido, o significado e o alcance da Constituição sem contrariá-la".[173] A autora parece agregar, a tal conceito básico, outros elementos como traços distintivos do fenômeno, tais como o "modo lento e imperceptível" por meio do qual as mutações produziriam transformações espontâneas e contínuas na Constituição.[174] BULOS é expresso ao apresentar o diferimento temporal e a imprevisibilidade,[175] assim como a imperceptibilidade e a não intencionalidade,[176] como traços característicos da mutação constitucional, ressaltando ainda "a natureza fática dos meios difusos de alteração constitucional",[177] o que aproxima esse autor das posições sustentadas por LABAND e JELLINEK sobre o fenômeno.

BARROSO adota conceito similar para a mutação constitucional, mas põe ênfase na mudança do significado da norma constitucional, e não no processo que conduz a ela.[178] Ademais, ele exclui do conceito men-

---

sorias Públicas até o momento em que gozassem do mesmo nível de organização que o Ministério Público correspondente (Habeas Corpus 70.514-6, Relator Ministro Sydney Sanches) ou, ainda, que seria constitucional a atuação do Ministério Público, em prol de partes necessitadas, em ações de reparação civil por danos provocados por ato criminoso, nos termos do artigo 68 do Código de Processo Penal, até que viesse a ser organizada a Defensoria Pública na respectiva unidade da Federação (Recurso Extraordinário 135.328-7, Rel. Min. Marco Aurélio). Como exemplos de mutação constitucional provocada por mudança de valores sociais e pelo advento de uma nova percepção do Direito, o autor relaciona, dentre outras, inflexões por que passaram, no direito brasileiro, os institutos do *habeas corpus*, do concubinato e da filiação.

[173] FERRAZ, Anna Cândida da Cunha. Op. cit., p. 783.
[174] Idem.
[175] BULOS, Uadi Lamêgo. Op. cit., p. 29-30.
[176] Ibidem, p. 42.
[177] Ibidem, p. 29.
[178] BARROSO, Luís Roberto. Op. cit., p. 160-161. Para o autor, "é possível dizer que a mutação constitucional consiste em uma alteração do significado de determinada norma da Constituição, sem observância do mecanismo constitucionalmente previsto para as emendas e, além disso, sem que tenha havido qualquer modificação de seu texto".

ções sobre a consciência acerca da alteração e do lapso de tempo necessário para que ela se consolide, embora não deixe de registrar que o reconhecimento da mutação constitucional como uma categoria teórica é produto da observação do "impacto da passagem do tempo e das transformações históricas, políticas e sociais".[179]

No que concerne aos fundamentos dados para a admissão da mutação constitucional, é recorrente a referência à tese de Georges BURDEAU sobre a existência de um poder constituinte difuso e inorganizado, que atuaria à margem dos mecanismos de reforma disciplinados pela Constituição, mas não seria incompatível com ela.[180] Para FERRAZ, esse entendimento relaciona-se com as noções clássicas de que o titular do poder constituinte (o povo, a nação) pode rever a sua Constituição a qualquer tempo e de que as gerações futuras não devem ser obrigadas pelas leis das gerações passadas.[181] BARROSO ecoa essa perspectiva ao considerar que a titularidade do poder constituinte difuso permanece com o povo, que o exerce por meio dos órgãos estabelecidos pelo poder constituinte originário, "em sintonia com as demandas e sentimentos sociais, assim como em casos de necessidade de afirmação de certos direitos fundamentais".[182]

---

[179] BARROSO, Luís Roberto. Op. cit., p. 158-159.

[180] Sobre o tema, vale destacar a seguinte passagem, transcrita por BARROSO: "Se o poder constituinte é um poder que faz ou transforma as constituições, deve-se admitir que sua atuação não se limita às modalidades juridicamente disciplinadas de seu exercício. (...) Há um exercício quotidiano do poder constituinte que, embora não esteja previsto pelos mecanismos constitucionais ou pelos sismógrafos das revoluções, nem por isso é menos real. (...) Parece-me, de todo modo, que a ciência política deva mencionar a existência desse poder constituinte difuso, que não é consagrado em nenhum procedimento, mas sem o qual, no entanto, a constituição oficial e visível não teria outro sabor que o dos registros de arquivo" (BURDEAU, Georges. *Traité de science politique*: le statut du pouvoir dans l'État. 2. ed., t. 4. Paris: LGDJ, 1969, p. 246-247, *apud* BARROSO, Luís Roberto. Op. cit., p. 162).

[181] FERRAZ, Anna Cândida da Cunha. Op. cit., p. 784.

[182] BARROSO, Luís Roberto. Op. cit., p. 162.

Como um segundo fundamento para o reconhecimento da mutação constitucional, FERRAZ aponta a vocação da Constituição para ser aplicada em seus aspectos essenciais e a necessidade de que, para que se concretizem os desígnios do constituinte originário, suas disposições venham a ser mais bem definidas e esclarecidas no momento de sua aplicação, sem que tal atividade conduza a alterações do texto constitucional.[183]

Quanto aos modos por meio dos quais a mutação constitucional pode se realizar, FERRAZ[184] e BARROSO[185] concordam que ela pode resultar da interpretação constitucional, em suas diversas formas, ou de costumes constitucionais. Apesar de ressaltar que são "inumeráveis" os processos que podem gerar mudanças informais da Constituição, BULOS os enquadra em categorias similares às utilizadas por aqueles autores, referindo-se a mutações constitucionais derivadas da interpretação constitucional, das práticas constitucionais e da construção constitucional.[186]

Há alguma divergência, porém, no que se refere à definição do que caracteriza uma mutação constitu-

---

[183] FERRAZ, Anna Cândida da Cunha. Op. cit., p. 784-785. Segundo a autora, "a Constituição é obra que nasce para ser efetivamente aplicada, sobretudo naquilo que tem de essencial, e o essencial, por vezes, é incompleto, exigindo atuação ulterior, capaz de defini-la[,] precisá-la, resolver-lhe as obscuridades, dar-lhe continuidade e aplicação, sem vulnerar a obra constitucional escrita: trata-se, portanto, de buscar meios efetivos de fazer valer a 'vontade' e o 'espírito' do constituinte originário. Destarte, a Constituição, embora rígida, transforma-se espontânea e continuamente, ainda que de modo lento e imperceptível (...)".

[184] Ibidem, p. 785.

[185] BARROSO, Luís Roberto. Op. cit., p. 163.

[186] BULOS, Uadi Lamêgo. Op. cit., p. 32-34. Ao lado das categorias acima citadas, o autor também menciona "as mutações constitucionais que contrariam a Constituição, é dizer, as mutações inconstitucionais". Contudo, como esse tópico possui relação mais estreita com a questão da compatibilidade de uma suposta mutação constitucional com a Constituição, e não propriamente com as condutas que podem provocar uma alteração do sentido da norma, optou-se por abordá-lo apenas na análise do tema dos limites da mutação constitucional.

cional decorrente de interpretação. Enquanto FERRAZ sustenta que a interpretação conduz a uma mutação sempre que resulta na atribuição de um novo conteúdo ao significado da norma constitucional ou, ainda, quando a abrangência desta é estendida para situações ou relações antes não alcançadas,[187] BARROSO distingue a mutação constitucional da interpretação construtiva e da interpretação extensiva.[188]

Segundo esse autor, a interpretação construtiva ocorre quando se amplia o sentido e o alcance da norma constitucional para situações que não foram previstas expressamente, ainda que fossem passíveis de previsão no momento em que a Constituição foi promulgada, e a interpretação extensiva, quando se aplica a norma a situações diversas das previstas e que não poderiam haver sido antecipadas pelo constituinte originário, mas que são coerentes com o espírito da Constituição e as possibilidades semânticas de seu texto (ou seja, se presentes na época de elaboração da Constituição, tais situações receberiam o mesmo tratamento por parte do constituinte).[189] Assim, a mutação constitucio-

---

[187] FERRAZ, Anna Cândida da Cunha. Op. cit., p. 785-786. Alertando que sua enumeração não é exaustiva, a autora indica as seguintes hipóteses em que reconhece haver mutação constitucional por meio da interpretação: "a) quando há um alargamento do sentido do texto constitucional, aumentando-se-lhe, assim, a abrangência para que passe a alcançar novas realidades; b) quando se imprime sentido determinado e concreto ao texto constitucional, visando à integração e efetiva aplicação da norma em momento diverso daquele em que ela foi estabelecida; c) quando se modifica interpretação constitucional anterior e se lhe imprime novo sentido, atendendo à evolução da realidade constitucional; d) quando há adaptação do texto constitucional à nova realidade social, não prevista no momento da elaboração da Constituição; e) quando há adaptação do texto constitucional para atender exigências do momento da aplicação constitucional; f) quando se preenche, por via interpretativa, lacunas do texto constitucional" (p. 786-787).

[188] BARROSO, Luís Roberto. Op. cit., p. 164-165.

[189] Idem. BARROSO exemplifica a interpretação construtiva com a construção jurisprudencial do direito à não incriminação de qualquer acusado – inclusive em esferas diversas da penal – a partir do direito do preso de permanecer calado, previsto no inciso LXIII do artigo 5º da Constituição brasileira de 1988, bem como das "teses de proteção da concubina e do reconhecimento de efeitos jurídicos às relações homoafetivas estáveis" (v. nota

nal por via interpretativa ocorreria somente nos casos nos quais ocorre uma modificação do sentido da norma constitucional como consequência da alteração da interpretação que anteriormente se dava a ela.[190]

Os costumes constitucionais, por sua vez, advêm de práticas reiteradas de agentes públicos e cidadãos que, aceitas pela sociedade, passam a ser admitidas como válidas ou mesmo obrigatórias, consolidando uma interpretação informal ou mesmo uma atualização do texto constitucional.[191] Por isso, os costumes também são tidos como possíveis fontes de mutações constitucionais, uma vez que, por meio deles, "interpreta-se a Constituição, complementam-se suas disposições, preenchem-se as lacunas constitucionais, suprem-se omissões das normas constitucionais, criando-se normação para situações não previstas no texto, sem todavia feri-lo".[192]

As questões relativas à existência de limites à mutação constitucional e quais eles seriam nem sempre recebem uma abordagem expressa e específica na doutrina nacional; quando isso não ocorre, a aceitação ou negação de que os processos informais de alteração da

---

de rodapé n. 18, p. 164). Já como exemplo de interpretação evolutiva, o autor apresenta a extensão das disposições constitucionais relativas à liberdade de expressão e ao sigilo de correspondência a tecnologias de comunicação inexistentes quando da promulgação da Constituição de 1988, como é o caso da *Internet* (v. nota de rodapé n. 19, p. 165).

[190] Ibidem, p. 165. O autor utiliza essa definição restrita da mutação constitucional inclusive para se referir à interpretação constitucional realizada pelo legislador ordinário, de modo que a mutação por via legislativa só ocorreria "quando, por ato normativo primário, procurar-se modificar a interpretação que tenha sido dada a alguma norma constitucional." Ele ressalta, no entanto, que a possibilidade e a legitimidade dessa interpretação poderá sempre vir a ser questionada em sede de controle de constitucionalidade, no qual a validade ou invalidade da lei será aferida (p. 167-168).

[191] Ibidem, p. 169. Ao lado dos costumes interpretativos e integrativos (*secundum legem* e *praeter legem*, respectivamente), BARROSO se refere à possibilidade de surgirem costumes contrários à norma constitucional (derrogatórios ou *contra legem*), ressaltando, porém, que estes não podem "receber o batismo do Direito" (p. 169-170).

[192] FERRAZ, Anna Cândida da Cunha. Op. cit., p. 789-790.

Constituição esbarram em limites de alguma espécie podem ser deduzidas a partir da exposição do tema, enquanto noutros encontra-se afirmação explícita no sentido de que a mutação constitucional não está sujeita a limitações.

Tangenciando esse tópico, FERRAZ distingue as mutações constitucionais dos processos informais que, ao provocar uma alteração, excedem os limites estabelecidos no texto constitucional, os quais ela denomina de mutações inconstitucionais.[193] Ao tratar deste fenômeno, a autora diferencia as "mutações manifestamente inconstitucionais" daqueles que ela identifica como sendo "processos anômalos" de alteração constitucional.[194]

Para a autora, os processos anômalos – a inércia de poderes constituídos, o desuso de disposições constitucionais e a mudança tácita de normas constitucionais, esta sendo efeito imprevisto ou não desejado de uma reforma constitucional – "paralisam ou impedem, por vezes temporariamente, a plena aplicação das normas constitucionais", mas só são inconstitucionais quando vão de encontro ao "espírito da Constituição".[195] Dessa forma, a inércia dos poderes constituídos só configurará uma mutação inconstitucional se impedir, de modo intencional e prolongado, a aplicação de dada norma constitucional, contrariando a vontade do constituinte originário, sendo possível estender essa mesma premissa às hipóteses de desuso de disposições constitucionais.[196]

Já as mutações manifestamente inconstitucionais são definidas como "as violações à Constituição (...)

---

[193] FERRAZ, Anna Cândida da Cunha. Op. cit., p. 783-784.

[194] Ibidem, p. 790.

[195] Ibidem, p. 791.

[196] Idem. FERRAZ não apresenta exemplos de mutações inconstitucionais derivadas de mudanças tácitas da Constituição, mas, seguindo sua lógica, é possível supor que aquelas seriam uma consequência de violações (inconscientes ou indesejadas) seja dos propósitos e limites da reforma constitucional, seja da essência ou identidade originárias da Constituição.

que provocam mudança da Constituição contra a letra expressa do texto e que, pela ausência ou ineficácia do controle, acabam por prevalecer".[197] Segundo a autora, a prevalência de alterações dessa espécie pode ser atribuída ao caráter incontrolável de alguns processos de mudança, seja em razão da matéria que envolvem, seja pelo modo por meio dos quais eles se desenvolvem; à ineficácia dos mecanismos de controle; ou, ainda, à preponderância de forças exteriores à Constituição.[198]

Embora FERRAZ não explicite seu posicionamento acerca dos limites à mutação constitucional, o reconhecimento de que existem mutações inconstitucionais assenta-se sobre a noção de que há critérios que permitem definir se eventual alteração do sentido ou alcance da norma é ou não compatível com a Constituição e se deve ser chancelada ou infirmada no exercício do controle de constitucionalidade. Assim, a análise da autora acerca dos processos anômalos de mudança constitucional e das mutações manifestamente inconstitucionais parece conduzir à identificação do "espírito da Constituição" e do próprio texto constitucional como parâmetros a serem observados no controle dos processos informais de alteração constitucional.

BULOS, por outro lado, é expresso ao sustentar ser impossível o estabelecimento de limites à ação do poder constituinte difuso e, por conseguinte, à mutação constitucional, já que esta resulta, essencialmente, "de uma atuação de forças elementares, dificilmente explicáveis, que variam conforme acontecimentos derivados do fato social cambiante, com exigências e situações sempre novas, em constante transformação".[199] Sendo a Constituição um "organismo vivo", sensível a circunstâncias sociais dinâmicas, sua mutação não se atém a "limites previstos pelo legislador, nem tampouco for-

---

[197] FERRAZ, Anna Cândida da Cunha. Op. cit., p. 791.
[198] Ibidem, p. 791-792.
[199] BULOS, Uadi Lamêgo. Op. cit., p. 41.

mas expressas e sacramentadas", ocorrendo de modo espontâneo, subreptício e imprevisível.[200]

Ao mesmo tempo, porém, o autor admite a possibilidade de haver mutações inconstitucionais e de que elas possam ser evitadas pelo intérprete, na atividade de adequação da Constituição à realidade social.[201] Nesse sentido, BULOS chega a afirmar que as alterações constitucionais informais encontram seu único limite na "consciência do intérprete de não extrapolar a forma plasmada na letra dos preceptivos supremos do Estado, através de interpretações deformadoras dos princípios fundamentais que embasam o Documento Maior".[202] De certo modo, tal reconhecimento atenua a assertividade do autor no que se refere à negação de limites à mutação constitucional; afinal, também para ele, há parâmetros para se aferir a compatibilidade de supostas mutações com o ordenamento constitucional vigente, e o intérprete pode deixar de consagrá-las ao constatar que contrariam o texto e os princípios fundamentais da Constituição.[203]

BARROSO diverge dos dois autores ao afirmar, explicitamente, que a adaptação das normas constitucionais a novos tempos e realidades encontra limites no "espírito da Constituição", de modo que a mutação constitucional não poderá exceder "as possibilidades semânticas do relato da norma, vale dizer, os sentidos possíveis do texto que está sendo interpretado ou afetado", nem tampouco ir de encontro à "preservação dos princípios fundamentais que dão identidade àquela

---

[200] BULOS, Uadi Lamêgo. Op. cit., p. 42.

[201] Ibidem, p. 43.

[202] Idem.

[203] No entanto, essas circunstâncias não impedem o autor de considerar, em linha com ensinamento de Anna Cândida da Cunha FERRAZ, que há uma proliferação de processos inconstitucionais de mudança informal da Constituição, em razão da ineficácia dos instrumentos de controle de constitucionalidade ou, mesmo, da impossibilidade de submetê-los a tal controle (idem).

específica Constituição", sob pena de contrariar o poder constituinte e a própria soberania popular.[204]

BARROSO não deixa de registrar a eventualidade de existirem mutações inconstitucionais. Idealmente, essas mutações serão repelidas pelos poderes constituídos e pela sociedade. O contrário, todavia, pode ocorrer em contextos anômalos, nos quais o fato acaba por prevalecer sobre a norma, indicando a debilidade da Constituição, a deflagração de um processo revolucionário ou a usurpação do poder. Por isso, entende o autor que "[a] inconstitucionalidade, tendencialmente, deverá resolver-se, seja por sua superação, seja por sua conversão em direito vigente".[205]

### 3.2. Contraponto à aceitação da mutação constitucional

Na doutrina brasileira, há também quem assuma postura crítica à noção de mutação constitucional. Nesse sentido, Lenio Luiz STRECK, Martonio Mont'Alverne Barreto LIMA e Marcelo Andrade Cattoni de OLIVEIRA se opõem a ela e à forma como ela foi incorporada ao debate jurídico brasileiro, inclusive no âmbito do Supremo Tribunal Federal.[206]

Essa crítica está embasada na observação de que a tese da mutação constitucional originou-se no período

---

[204] BARROSO, Luís Roberto. Op. cit., p. 162. Acrescenta o autor: "Se o sentido novo que se quer dar não couber no texto, será necessária a convocação do poder constituinte reformador. E se não couber nos princípios fundamentais, será necessário tirar do estado de latência o poder constituinte originário" (p. 162-163).

[205] Ibidem, p. 163.

[206] STRECK, Lenio Luiz; LIMA, Martonio Mont'Alverne Barreto; OLIVEIRA, Marcelo Andrade Cattoni de. A nova perspectiva do Supremo Tribunal Federal sobre o controle difuso: mutação constitucional e limites da legitimidade da jurisdição constitucional. Argumenta: *Revista do Curso de Mestrado em Ciência Jurídica da Fundinopi*, Jacarezinho, n. 7, p. 45-68, 2007. Disponível em: <http://seer.uenp.edu.br/index.php/argumenta/article/view/72/72>. Acesso em: 13/11/2017.

de crise do paradigma do positivismo legalista da Escola Alemã de Direito Público, o qual se mostrou incapaz de empreender uma análise normativa – e não meramente empírico-descritiva – do fenômeno e da influência da realidade sobre o Direito.[207] Ainda, sustentam os autores, o conceito foi associado à ideia de saneamento de (supostos) "hiatos" entre a Constituição e as condições fáticas em virtude da ação de uma "jurisprudência corretiva" e pode, no extremo, servir de fundamento a "uma concepção decisionista da jurisdição", assim como à "compreensão das cortes constitucionais como poderes constituintes permanentes".[208]

Exemplificando a invocação da tese na jurisprudência nacional, os autores fazem referência ao julgamento, pelo Supremo Tribunal Federal, da Reclamação n. 4.335-5/AC, ajuizada em face de decisão do Juiz de Direito da Vara de Execuções Penais de Rio Branco/AC, na qual foi indeferido pedido de progressão de regime dos reclamantes, que cumpriam pena em regime fechado em razão de condenação pela prática de crimes hediondos. O fundamento da reclamação era o de que o Magistrado havia negado cumprimento ao decidido pelo STF no julgamento do Habeas Corpus n. 82.959/SP, de relatoria do Ministro Marco Aurélio, ocasião em que foi reconhecida, incidentalmente, a inconstitucionalidade do artigo 2º, § 1º, da Lei n. 8.072/90 e, com isso, afastada a vedação da progressão do regime de cumprimento de pena dos condenados por crime hediondo.[209]

---

[207] STRECK, Lenio Luiz; LIMA, Martonio Mont'Alverne Barreto; OLIVEIRA, Marcelo Andrade Cattoni de. Op. cit., p. 60.

[208] Ibidem, p. 60-61.

[209] BRASIL. Supremo Tribunal Federal. Reclamação. 2. Progressão de regime. Crimes hediondos. 3. Decisão reclamada aplicou o art. 2º, § 2º, da Lei nº 8.072/90, declarado inconstitucional pelo Plenário do STF no HC 82.959/SP, Rel. Min. Marco Aurélio, DJ 1.9.2006. 4. Superveniência da Súmula Vinculante n. 26. 5. Efeito ultra partes da declaração de inconstitucionalidade em controle difuso. Caráter expansivo da decisão. 6. Reclamação julgada procedente. Reclamação n. 4.335-5/AC. Odilon Antônio da Silva Lopes e outros

Dado esse contexto, tornou-se foco das discussões a possibilidade de se atribuir eficácia *erga omnes* à declaração de inconstitucionalidade realizada em sede de controle difuso de constitucionalidade, sem que houvesse a concorrência do Senado Federal, nos termos previstos no artigo 52, inciso X, da Constituição de 1988.[210]

O Ministro Gilmar Mendes, relator para o julgamento, votou por conhecer da reclamação e julgá-la procedente, com base no argumento central de que, com o advento da Constituição da República de 1988 e a evolução legislativa e jurisprudencial que a seguiu, houve significativa aproximação dos institutos de controle concentrado e difuso de constitucionalidade, de modo que não haveria mais justificativa para a diferenciação dos efeitos das decisões decorrentes do exercício de cada uma dessas espécies de controle.[211] Para o Ministro Relator, esse contexto teria provocado uma mutação constitucional em relação ao artigo 52, inciso X, da Constituição de 1988: a eficácia da declaração de inconstitucionalidade realizada, pelo Supremo Tribunal Federal, em controle incidental de constitucionalidade não mais dependeria da suspensão da execução da lei pelo Senado Federal, cuja resolução teria passado a ter somente o efeito de dar publicidade à decisão do Tribunal.[212]

Em voto-vista, o Ministro Eros Grau acompanhou o Relator.[213] Destacou, porém, que a mutação proposta pelo Ministro Gilmar Mendes implicava a própria substituição do texto do artigo 52, inciso X, da Constituição por um novo texto, transcendendo assim a mera inter-

---

vs. Juiz de Direito da Vara de Execuções Penais de Rio Branco. Relator: Min. Gilmar Mendes. 20/03/2014, p. 3-10.

[210] "Art. 52. Compete privativamente ao Senado Federal: (...) X – suspender a execução, no todo ou em parte, de lei declarada inconstitucional por decisão definitiva do Supremo Tribunal Federal".

[211] Ibidem, p. 11-61.

[212] Ibidem, p. 52-56.

[213] Ibidem, p. 64-82.

pretação do dispositivo tido por obsoleto.²¹⁴ No caso, a mutação seria admissível, ademais, por o novo texto a ser adotado mostrar-se coerente com o restante do texto constitucional e adequado à tradição do contexto em que está inserido.²¹⁵

Os entendimentos expressados pelos Ministros Gilmar Mendes e Eros Grau servem para ilustrar o risco de a tese da mutação constitucional levar à ultrapassagem, pelo Poder Judiciário, das funções que lhe competem dentro do quadro do Estado Democrático de Direito.²¹⁶ Segundo STRECK, LIMA e OLIVEIRA, as

---

²¹⁴ Sobre o posicionamento do Ministro Eros Grau: "(...) até mesmo a sofisticada argumentação de cunho hermenêutico do Ministro Eros Grau perde terreno, mesmo que ele pretenda vê-la ancorada na dicotomia 'texto e norma', assim como na repercussão dessa tese na decisão de 'mutação constitucional'. Ao que se depreende das assertivas do Min. Eros Grau, 'tudo vira norma' e com pretensões universalizantes (podendo, na mutação constitucional, o próprio texto soçobrar, colocando-se em lugar deste não apenas uma nova norma, *mas, sim, um novo texto*, em face dos limites semânticos daquele texto que tinham que ser ultrapassados – nas suas palavras – era 'obsoleto')" (STRECK, Lenio Luiz; LIMA, Martonio Mont'Alverne Barreto; OLIVEIRA, Marcelo Andrade Cattoni de. Op. cit., p. 62 – destaques no original).

²¹⁵ A menção à tradição do texto como condição para admissão da mutação constitucional suscita, em si, alguns questionamentos, abrangendo inclusive o paradoxo em se exigir que a substituição do texto constitucional seja coerente com a sua tradição, uma vez que é a necessidade de alterá-lo que justifica a mutação constitucional (ibidem, p. 63-64). Sobre a mutação proposta para o artigo 52, inciso X, da Constituição de 1988, argumentam os autores: "[a] tradição não residiria exatamente no fato de termos adotado – e ratificado em 1988 – o sistema misto de controle de constitucionalidade? A tradição não estaria inserida na própria exigência de remessa ao Senado, buscando, assim, trazer para o debate – acerca da (in)validade de um texto normativo – o Poder Legislativo, *único que pode tratar do âmbito da vigência*, providência necessária para dar efeito *erga omnes* à decisão que julgou uma causa que não tinha uma tese, mas, sim, uma questão prejudicial?" (p. 64, destaques no original).

²¹⁶ Risco que é potencializado pela capacidade que a corte constitucional brasileira tem de sedimentar dada interpretação das normas constitucionais e que seria aumentada caso prevalecesse o entendimento acima exposto: "[p]aremos para pensar: uma súmula do Supremo Tribunal Federal, elaborada com oito votos (que é o quórum mínimo), pode alterar a Constituição. Para revogar essa súmula, se o próprio Supremo Tribunal Federal não o fizer, são necessários três quintos dos votos do Congresso Nacional, em votação bicameral e em dois turnos. Ao mesmo tempo, uma decisão em sede de controle de constitucionalidade difuso, proferida por seis votos, pode proceder a alterações na estrutura jurídica do país, ultrapassando-se a discussão acerca da tensão vigência e eficácia de uma lei" (ibidem, p. 59).

funções da jurisdição não devem ser confundidas com as dos órgãos legislativos ou com as do poder constituinte derivado: àquela caberia "a tarefa de construir interpretativamente, com a participação da sociedade, o sentido normativo da constituição e do projeto de sociedade democrática a ela subjacente", e não a de legislar (criar normas genéricas e abstratas, com pretensão de universalidade), nem tampouco a de corrigir a Constituição.[217] Portanto, avançando sobre os limites do texto do artigo 52, inciso X, o Supremo Tribunal Federal estaria excedendo os limites da interpretação da norma, para dar novo texto ao dispositivo constitucional por meio do exercício de uma competência reservada, pelo constituinte originário, ao poder constituinte derivado.

STRECK, LIMA e OLIVEIRA chamam, assim, atenção não apenas para o efeito negativo que as decisões do Supremo Tribunal Federal – e, especificamente, a decisão que os votos dos Ministros Gilmar Mendes e Eros Grau permitiam antecipar para o desfecho da Reclamação n. 4.335-5/AC[218] – podem acarretar no

---

[217] STRECK, Lenio Luiz; LIMA, Martonio Mont'Alverne Barreto; OLIVEIRA, Marcelo Andrade Cattoni de. Op. cit., p. 61.

[218] Vale observar que a Reclamação n. 4.335-5/AC acabou por ser conhecida pelo Supremo Tribunal Federal e julgada procedente, mas a tese da mutação constitucional do artigo 52, inciso X, da Constituição 1988 não prevaleceu entre os Ministros da Corte. Para o resultado, foi determinante o voto proferido pelo Ministro Teori Zavascki (BRASIL. Supremo Tribunal Federal. Reclamação n. 4.335-5/AC, p. 149-169), acompanhado pelo Ministros Luís Roberto Barroso, Rosa Weber e Celso de Mello, no qual recebeu e deferiu a reclamação tão somente pela edição superveniente da Súmula Vinculante n. 26 do Tribunal, ocorrida na pendência do julgamento da Reclamação n. 4.335-5/AC. Apesar de reconhecer a "força expansiva" de decisões do Supremo Tribunal Federal em sede de controle difuso de constitucionalidade e a existência de hipóteses em que, por si, elas produzem efeitos *ultra partes*, inclusive em razão do que defendeu ser "a evolução do direito brasileiro em direção a um sistema de valorização dos precedentes judiciais emanados dos tribunais superiores" em decorrência de alterações formais feitas à Constituição e à legislação processual, o Ministro Teori Zavascki não seguiu a tese da mutação constitucional do artigo 52, inciso X, da Constituição, sustentando que a resolução do Senado Federal continuava tendo o condão de dar eficácia *erga omnes* às decisões declaratórias de inconstitucionalidade proferidas em sede de controle difuso.

tocante à diferenciação das competências dos poderes constituinte e constituídos e à concretização dos pressupostos democráticos que inspiraram a Constituição de 1988, mas também para o seu aspecto simbólico. Afinal, a sinalização de que o STF está disposto a realizar mutações constitucionais pode incentivar a proliferação de demandas e recursos, assim como pode abrir margem para maior discricionariedade no exercício da jurisdição.[219]

### 3.3. Em busca da síntese: mutação constitucional e força normativa da Constituição

A parcela da doutrina nacional favorável à admissão da mutação constitucional funda seu entendimento em elementos extraídos das diferentes fases dos estudos alemães sobre o tema. Isso explica, por exemplo, a menção dos autores à natureza fática dos processos difusos de alteração constitucional ou ao caráter espontâneo, imperceptível e imprevisível destes, assim como a tentativa de compreender o fenômeno a partir de possíveis descompassos entre a realidade e as normas constitucionais, gerados por transformações sociais.

As afirmações de que a mutação constitucional não tem limites ou a aceitação de que possam persistir mutações inconstitucionais, a despeito de sua contrariedade à Constituição, também ecoam construções teóricas contemporâneas às Constituições alemãs de 1871 e de 1919, desconsiderando, por um lado, as profundas diferenças entre os contextos históricos nos quais vigeram essas Constituições e o que se instalou, no Brasil, com a redemocratização e o advento da Constituição de 1988 e, por outro, o grau de desenvolvimento atingido pelo Direito Constitucional no pós-Segunda Guerra Mundial. No campo jurídico-institucional, por exemplo, a

---

[219] STRECK, Lenio Luiz; LIMA, Martonio Mont'Alverne Barreto; OLIVEIRA, Marcelo Andrade Cattoni de. Op. cit., p. 65-66.

comparação se dá entre a inexistência (ou a limitação significativa) de mecanismos de controle de constitucionalidade que marcava aqueles contextos e o amplo sistema misto regido pela atual Constituição brasileira, na qual há previsão tanto do controle concreto-difuso de constitucionalidade, como também do controle abstrato-concentrado.

Tendo em vista a forma como a teoria da mutação constitucional foi recepcionada pela doutrina (e, por extensão, pela jurisprudência) nacional, a resistência de STRECK, LIMA e OLIVEIRA é justificada. O entendimento predominante acerca do fenômeno pode levar à fragilização do paradigma do Estado Democrático de Direito que serve de base para a Constituição brasileira, não apenas por possibilitar que o Poder Judiciário invoque a mutação constitucional como pretexto para exercer, por vezes casuisticamente, uma função "corretiva" das leis e da Constituição (como exemplifica o julgamento da Reclamação n. 4.335-5/AC), mas também por admitir que esta possa ser subjugada por forças e processos extra-jurídicos e insuscetíveis de controle.

Todavia, essa crítica também exige cautela. Isso porque a concepção de mutação constitucional expressada no julgamento da Reclamação n. 4.335-5/AC é extremada. A conclusão do Ministro Eros Grau, de acordo com a qual a mutação constitucional seria caracterizada não pela mera alteração do sentido da norma constitucional, mas pela substituição do enunciado normativo por um novo, não encontra respaldo na doutrina. Ainda que autores divirjam sobre a extensão e a controlabilidade do fenômeno, não se encontram, nos estudos sobre o tema, fundamentos para reputar-se coerente com a Constituição a substituição do texto constitucional por força da atuação, consciente e intencional, de órgão diverso do incumbido do exercício do poder de reforma constitucional, o que teria sido o resultado prático da aceitação da tese da mutação do artigo 52, inciso X, da Constituição da República de 1988.

É de se considerar, também, que a mutação constitucional proposta pelos Ministros Gilmar Mendes e Eros Grau não encontrava amparo na tradição constitucional brasileira, nem tampouco na evolução do sistema de controle de constitucionalidade durante a vigência da Constituição de 1988. Além dos questionamentos levantados por STRECK, LIMA e OLIVEIRA quanto à invocação da tradição pelo Ministro Eros Grau[220] e do fato de que a prerrogativa prevista no dispositivo em questão não havia deixado de ser exercida pelo Senado Federal,[221] é necessário lembrar que, quando se iniciou o julgamento da Reclamação n. 4.335-5/AC, já havia a possibilidade de o Supremo Tribunal Federal conferir efeitos *erga omnes* a entendimentos fixados em sede de controle incidental de constitucionalidade por meio da edição, por voto de dois terços de seus membros, de súmulas vinculantes, nos termos do artigo 103-A da Constituição, incluído pela Emenda Constitucional n. 45/2004.[222] Ou seja, houvesse prevalecido a tese da mutação constitucional do artigo 52, inciso X, da Constituição de 1988, o STF teria logrado abrir uma via facilitada – maioria de 6 ministros, contra os 8 exigidos para a aprovação da súmula vinculante, além da ausência de formalidades adicionais – para dar eficácia universal

---

[220] Ver *supra*, p. 80, nota de rodapé n. 215.

[221] Tal circunstância foi indicada no voto divergente proferido pelo Ministro Joaquim Barbosa no julgamento da Reclamação n. 4.335-5/AC (BRASIL. Supremo Tribunal Federal. Reclamação n. 4.335-5/AC, p. 97-102).

[222] O Ministro Sepúlveda Pertence destacou a existência do instituto da súmula vinculante no voto que abriu a divergência na Reclamação n. 4.335-5/AC (ibidem, p. 91-96). Também o Ministro Teori Zavascki apontou a coexistência da norma do artigo 52, inciso X, da Constituição com outras que ampliam os efeitos das decisões do Supremo Tribunal Federal em controle difuso de constitucionalidade para além das partes do caso concreto em julgamento (ibidem, p. 149-169). Ademais, é de se lembrar que o próprio entendimento que levou ao ajuizamento da Reclamação n. 4.335-5/AC – qual seja, o da inconstitucionalidade do artigo 2º, § 1º, da Lei n. 8.072/90 – acabou sendo consagrado na Súmula Vinculante n. 26. Na doutrina, no sentido de que o entendimento manifestado pelos Ministros Gilmar Mendes e Eros Grau é "inconciliável com o instituto da súmula vinculante", ver: SOUZA NETO, Cláudio Pereira de; SARMENTO, Daniel. Op. cit., p. 354-355.

para suas decisões em controle difuso, em franco desafio ao mecanismo para tanto instituído pelo Congresso Nacional, investido do poder de reforma constitucional.[223]

As críticas feitas por STRECK, LIMA e OLIVEIRA à teoria da mutação constitucional (ou ao modo como ela vem sendo compreendida ou instrumentalizada) tampouco excluem, necessariamente, o reconhecimento de que o sentido das normas constitucionais pode passar, pela via interpretativa, por alterações em razão das mudanças verificadas na realidade social. Os autores parecem, inclusive, admitir essa possibilidade: ao apontarem a diferença entre as decisões que reconhecem a inconstitucionalidade arguida e as que não a reconhecem, sustentam que "[a] *atribuição de força obrigatória geral à declaração de constitucionalidade dificultaria assim uma interpretação constitucional evolutiva* – capaz de adaptar o texto da Constituição às situações históricas mutáveis e susceptível de atender a toda a riqueza inventiva da casuística",[224] acrescentando ainda que o entendimento do Tribunal Constitucional alemão no sentido de que, em se tratando de interpretação conforme à Constituição, apenas a fixação de interpretações contrárias a ela é vinculante "compadece bem com a ideia dinâmica que deve ter uma Constituição, assim como o fato de que é tarefa do *Bundesverfassungsgericht* defender a Constituição e não se dedicar a canonizar suas posições de outro tempo".[225]

---

[223] STRECK, LIMA e OLIVEIRA tangenciam essa questão na seguinte passagem: "*Decidir* – como quer, a partir de sofisticado raciocínio, o Min. Gilmar Mendes – *que qualquer decisão do Supremo Tribunal em controle difuso gera os mesmos efeitos que uma proferida em controle concentrado (abstrato) é, além de tudo, tomar uma decisão que contraria a própria Constituição.* Lembremos, por exemplo, uma decisão apertada de 6 a 5, ainda não amadurecida. Ora, *uma decisão que não reúne sequer o quorum para fazer uma súmula não pode ser igual a uma súmula* (que tem efeito vinculante – e, aqui, registre-se, falar em "equiparar" o controle difuso ao controle concentrado nada mais é do que falar em efeitos vinculantes)" (op. cit., p. 53 – destaques no original).

[224] Ibidem, p. 56 (destaques no original).

[225] Ibidem, p. 57.

Aceita a possibilidade de uma interpretação que, diante de mudanças das circunstâncias fáticas, seja capaz de alcançar novos sentidos para as normas constitucionais, sem que haja alteração do respectivo texto, é preciso que esse tema seja analisado à luz da teoria constitucional contemporânea. Em outras palavras, a admissão da mutação constitucional e sua compreensão devem ser condizentes com os postulados que atualmente caracterizam o Direito Constitucional e a peculiaridade de suas normas, em especial aqueles que se relacionam diretamente com a tensão entre as normas constitucionais e a realidade social ou entre as demandas por estabilidade e por dinâmica da Constituição, como os da separação entre poder constituinte e poderes constituídos, os da rigidez e da supremacia constitucionais e o da força normativa da Constituição.

Esse cuidado é particularmente importante no que se refere à definição dos limites dentro dos quais a mutação constitucional pode ocorrer legitimamente, sem representar risco à ordem constitucional. Se a reforma do texto constitucional e a alteração, pela via interpretativa, do sentido das disposições constitucionais contribuem para dar sustentação à Constituição em meio à evolução social, ao funcionamento do regime democrático e, por vezes, à própria necessidade de superarem-se limitações oriundas das circunstâncias nas quais se desenvolveu o processo constituinte, sua utilização excessiva ou sem limites põe por terra a exigência de estabilidade constitucional, que é ínsita ao constitucionalismo contemporâneo. É válida, nesse aspecto, a observação de HESSE no sentido de que o estudo dos limites da mutação constitucional se presta à mesma finalidade que o dos limites da reforma constitucional, qual seja, o de garantir a Constituição, fornecendo parâmetros para controle e obstrução de práticas que atentem contra ela.[226]

---

[226] Ver *supra*, p. 43-44.

Para tanto, deve-se partir de uma definição mais precisa da mutação constitucional. É desaconselhável caracterizá-la como sendo (os próprios) processos informais que modificam o sentido das normas constitucionais pelo mesmo motivo que levou HESSE a considerar inadequadas as teses que definiam a mutação constitucional como contradição entre lei e situação constitucional: a indistinção entre o dado jurídico (a alteração do sentido da norma) e o fático (o processo ou a situação que provocam aquela alteração),[227] a qual pode gerar problemas para o controle de supostas mutações constitucionais. Isso porque são mesmo incontáveis os processos fáticos que podem gerar interpretações diferenciadas das normas constitucionais (sejam estas interpretações "formais" ou "informais", para utilizar o critério indicado para distinguir as mutações que ocorrem pela via interpretativa e as decorrentes de costumes constitucionais),[228] não sendo a Constituição capaz de prever ou controlar, de antemão, todas as transformações pelas quais a sociedade pode passar durante o período indeterminado de sua vigência.

Por outro lado, numa concepção normativa de Constituição, o sentido que se tenta atribuir às normas constitucionais em razão de mudanças das condições fáticas está sempre sujeito a ser confirmado ou infirmado em sede de controle de constitucionalidade, por meio do qual se pode assegurar que, a despeito das transformações sociais, a Constituição continue a ser utilizada como um padrão para as condutas sociais e as práticas estatais. Por isso, é de se seguir a orientação de HESSE na adoção de uma definição restrita de mutação constitucional, fenômeno que ele definiu como sendo

---

[227] HESSE, Konrad. Limites da mutação constitucional, p. 153-154. Na crítica do autor, a confusão entre as duas dimensões levava a se designar de mutação constitucional não a mudança do conteúdo da norma constitucional em questão, mas sim a das circunstâncias fáticas a que ele se referia (ver *supra*, p. 38).
[228] Ver *supra*, p. 71-73.

relativo às "modificações do conteúdo de normas constitucionais cujo texto não é modificado".[229]

No que se refere aos fundamentos para o reconhecimento das mutações constitucionais, a narrativa do poder constituinte difuso é inadequada.[230] Essa associação contribui para o que STRECK, LIMA e OLIVEIRA denominaram de "inversão dos pressupostos da teoria da democracia moderna a que se filia a Constituição da República",[231] decorrente da confusão entre as atribuições do poder constituinte e dos poderes constituídos e da instabilidade institucional que isso pode ocasionar. Vale lembrar, nesse sentido, a lição de BONAVIDES no sentido de que a separação clássica entre poder constituinte e poderes constituídos atende a dois propósitos: a proteção dos direitos individuais da atuação do legislador ordinário, mas também a garantia de que as assembleias constituintes não desempenhariam as competências a serem assumidas pelos órgãos constituídos,[232] possivelmente submetendo a sociedade a um contínuo estado constituinte.

A vinculação da mutação constitucional a um suposto poder constituinte difuso também suscita questionamentos acerca da forma e extensão de seu exercício. Afinal, embora sua titularidade seja atribuída à nação ou ao povo, o reconhecimento institucional de novas interpretações de normas constitucionais ficaria sempre a cargo de autoridades às quais a Constituição não reservou a competência para alterá-la e, por conseguinte, a cuja atuação ela não impôs parâmetros expressos a serem observados. Essa circunstância, aliada à quantidade e à variedade de demandas sociais capa-

---

[229] HESSE, Konrad. Limites da mutação constitucional, p. 153-154.

[230] Também contrário a essa relação, "sobretudo num contexto, como o brasileiro, em que as alterações formais na Constituição não são tão difíceis": SOUZA NETO, Cláudio Pereira de; SARMENTO, Daniel. Op. cit., p. 342.

[231] STRECK, Lenio Luiz; LIMA, Martonio Mont'Alverne Barreto; OLIVEIRA, Marcelo Andrade Cattoni de. Op. cit., p. 65.

[232] Ver *supra*, p. 22.

zes de serem "canalizadas" pelos operadores desse poder constituinte difuso, pode gerar ou reforçar a crença na inexistência de fronteiras para a interpretação das normas constitucionais e para a alteração informal de seu conteúdo.

Por tais motivos, a ocorrência das mutações constitucionais deve ser atribuída não a uma manifestação do poder constituinte, mas à compreensão de que a incorporação da Constituição às condutas sociais depende, em grande medida, de uma interpretação atenta às condições fáticas e que seja capaz de refletir as mudanças destas.[233] Isso não quer dizer que as transformações sociais podem levar a interpretação das normas constitucionais a desenvolver-se sem vinculação a quaisquer parâmetros prévios; estar-se-ia, com isso, conferindo à realidade uma força determinante sobre o elemento normativo. A pretensão de eficácia da Constituição e a necessidade de que se concretize sua função "racionalizadora, estabilizadora e limitadora do poder"[234] impedem-no, exigindo a observância de sua força normativa e a preservação de sua identidade.

São essas exigências que devem conduzir a definição dos limites da mutação constitucional. A norma constitucional pode ter seu conteúdo alterado em razão de modificações das circunstâncias sociais, mas tal operação não deve resultar na deterioração da identidade da Constituição, nem tampouco na anulação de sua capaci-

---

[233] Como visto no curso deste trabalho, a noção de que o conteúdo das normas constitucionais deve ser capaz de refletir as condições fáticas – sintetizada na expressão "toda Constituição é Constituição no tempo" (HESSE, Konrad. Constituição e direito constitucional, p. 13) – é a premissa na qual HESSE funda seu entendimento acerca da reforma e da mutação constitucionais (ver *supra*, p. 59), estando ela associada, também, aos pressupostos indicados por esse autor para o desenvolvimento da força normativa da Constituição (ver *supra*, p. 18-20). De certo modo, essa noção se faz presente, também, na afirmação de Anna Cândida da Cunha FERRAZ de que "as mutações constitucionais decorrem logicamente da própria Constituição, na medida em que se desenvolvem para dar-lhe efetiva aplicação" (op. cit., p. 784-785).

[234] HESSE, Konrad. Limites da mutação constitucional, p. 161.

dade de influenciar a realidade, sucumbindo à pressão das demais forças em ação na sociedade. Diante dessa tensão, o texto constitucional desponta como ponto de partida para qualquer interpretação possível das normas constitucionais e, por extensão, como parâmetro de controle das modificações de sentido admissíveis.

Seguindo o pensamento de HESSE, o texto das disposições constitucionais se presta a essa função tanto por delimitar a seção da realidade a que as respectivas normas se referem (e, assim, define quais fatos podem influenciar o conteúdo de determinada norma constitucional),[235] quanto por vincular, indistintamente, todos os membros da comunidade a um mesmo conjunto de decisões prévias.[236]

Outrossim, o texto constitucional representa a fronteira que cinde as possibilidades de alteração do sentido das normas constitucionais pela via interpretativa e as alterações constitucionais que, por não serem comportadas no âmbito definido pelo texto, só podem ser realizadas mediante modificação formal deste, o que exige a atuação dos órgãos incumbidos da reforma constitucional e a observância dos parâmetros para tanto fixados pela própria Constituição. Portanto, a mutação constitucional não deverá ultrapassar os sentidos passíveis de serem atribuídos ao texto constitucional também para que não viole o campo de ação reservado, pelo poder constituinte originário, ao constituinte derivado.[237]

---

[235] HESSE, Konrad. Limites da mutação constitucional, p. 167-169.

[236] Ibidem, p. 161-162. Para uma exposição mais detalhada acerca do papel do texto constitucional como limite à mutação no pensamento de Konrad HESSE, ver *supra*, p. 55-56 (no contexto da crítica ao pensamento de SMEND e DAU-LIN acerca da mutação constitucional) e p. 60-65 (na proposta do autor para a definição dos limites do fenômeno).

[237] Como visto acima (p. 63-64), HESSE indica haver complementaridade entre a mutação e a reforma constitucional. Contudo, na lógica do autor, não é a dificuldade ou a impossibilidade de se realizar determinada alteração formal do texto constitucional que legitimaria a mutação constitucional (embora tais circunstâncias possam incitar a invocação desse fenômeno – Limites da mutação constitucional, p. 150-151), mas é a reforma constitucional que se apresenta como a alternativa viável quando as condições fáticas estão

Também a doutrina nacional aponta o texto constitucional ora como limite à mutação constitucional, ora como critério distintivo entre as mutações constitucionais coerentes com a Constituição e as que lhe são contrárias.[238] A esse elemento, são agregados outros, tais como o "espírito"[239] ou os "princípios fundamentais"[240] da Constituição, os quais, em uma análise inicial, se mostram alinhados com a intenção de se resguardar a Constituição e sua força normativa contra alterações indevidas do conteúdo de suas normas. Todavia, há margem para indagar-se se não é do próprio texto constitucional que se devem extrair a essência ou os princípios que balizam suas interpretações possíveis. Ademais, diante da invocação de uma mutação constitucional, será sempre prudente questionar se o recurso a noções ou a princípios que não possam ser deduzidos do texto constitucional não produz efeito contrário ao pretendido, incentivando o reconhecimento de mutações que deterioram as bases do ordenamento constitucional e dificultam a consecução de seus objetivos.

Os limites da mutação constitucional não servem apenas como baliza para a autocontenção dos destinatários das normas constitucionais, mas devem atuar como marcos para a identificação de interpretações que, com fundamento nas transformações sociais, vão além dos sentidos que a Constituição pode suportar e que, ao prevalecerem, minam a confiança da sociedade nela e nos instrumentos que ela disciplina para a solução dos conflitos sociais e para sua própria adaptação à evolução das condições fáticas. A aferição de eventual contrarie-

---

a demandar da norma um conteúdo não admitido pelo texto que lhe dá suporte (ibidem, p. 170; ver também, do mesmo autor: Constituição e direito constitucional, p. 15). No mesmo sentido: BARROSO, Luís Roberto. Op. cit., p. 162-163.

[238] Ver *supra*, p. 73-77.

[239] FERRAZ, Anna Cândida da Cunha. Op. cit., p. 791.

[240] BULOS, Uadi Lamêgo. Op. cit., p. 43; BARROSO, Luís Roberto. Op. cit., p. 162.

dade do (novo) conteúdo atribuído à norma em relação ao ordenamento constitucional é essencial para que as alterações suscitadas possam ser rechaçadas pelos órgãos encarregados da jurisdição constitucional, a cujo escrutínio estão sujeitas, em sistemas como o brasileiro, todas as práticas que se desenvolvem a partir da interpretação e aplicação das disposições constitucionais.

Isso porque, se o reconhecimento da força normativa da Constituição estabelece uma nova base para a compreensão da relação entre as normas constitucionais e a realidade, o desenvolvimento de mecanismos abrangentes de controle jurisdicional de constitucionalidade representa o avanço institucional mais relevante para a garantia e afirmação da Constituição perante as pressões contrárias de ordem política, econômica e social. A evolução desses mecanismos ao longo do século XX possibilitou a contenção institucionalizada dos impulsos dos Poderes Legislativo e Executivo (e possivelmente também das demais forças sociais), de modo a vincular suas práticas à Constituição.[241] Assim, recorrendo novamente ao pensamento de Konrad HESSE, é necessário reconhecer que o estudo e a delimitação do fenômeno da mutação têm justamente o propósito de fornecer à jurisdição constitucional – e, em última análise, ao tribunal constitucional – os critérios necessários para que possa definir se houve ou não alteração de sentido relevante dentro do quadro constitucional e, com isso, distinguir atos constitucionais dos atos inconstitucionais que têm por justificativa alegada mutação que ultrapassa os limites da Constituição.[242]

---

[241] HESSE, Konrad. Limites da mutação constitucional, p. 150. Na passagem, o autor aponta a existência de uma "justiça constitucional de amplas proporções" como um dos fatores que podem explicar a ausência de processos significativos de mudança nos primeiros anos de vigência da Lei Fundamental de 1949, em contraposição com semelhante período de vigência da Constituição alemã de 1871, em razão da limitação que ela impôs aos Poderes Executivo e Legislativo no que se refere à aplicação do Direito Constitucional. Ver também *supra*, p. 42-43.

[242] HESSE, Konrad. Limites da mutação constitucional, p. 150-151.

## Considerações finais

Subjaz ao presente livro a premissa de que existe tensão permanente entre a Constituição e a realidade em que ela está inserida – tensão essa que não pode ser resolvida pela submissão de uma das dimensões à outra. Pelo contrário, a eficácia da Constituição depende de que ela considere as condições fáticas e as forças presentes no meio social, mas também do reconhecimento de que ela possui uma força própria, para cujo fortalecimento contribuem tanto a coerência de seu conteúdo em relação àqueles elementos (exigindo dela a capacidade de se adaptar às modificações por que eles passam), quanto sua resistência contra impulsos oportunísticos por que seja alterada, bem como contra interpretações que deturpem o sentido de suas normas.

Dessa tensão deriva o confronto entre demandas por estabilidade e por dinâmica da Constituição, o qual se refletiu na evolução da teoria constitucional. Nesse embate, contrapõem-se, de um lado, a necessidade de preservarem-se as decisões do constituinte originário (pela singularidade de sua atuação e pela importância dos temas alçados ao *status* constitucional) da política ordinária e, de outro, o reconhecimento de que a Constituição pode necessitar de aperfeiçoamentos com o passar do tempo, seja em razão de deficiências trazidas desde sua origem, seja em decorrência de demandas postas pelas novas gerações, que não puderam participar do processo constituinte.

Esse conflito está na raiz dos conceitos de supremacia e rigidez constitucional, tendo motivado a adoção ampla de mecanismos de reforma constitucional, ou seja, de técnicas jurídicas que permitem a alteração da Constituição sem trazer risco à sua permanência como um todo e que estão, por isso, sujeitas a limitações regradas pelo texto constitucional ou derivadas de sua natureza subordinada. Também está associado ao confronto entre estabilidade e dinâmica constitucionais o fenômeno da mutação constitucional, identificado inicialmente a partir da constatação de disparidades entre o que previam as disposições constitucionais e a realidade que deveriam reger.

Ocorre, contudo, que o estudo da mutação constitucional iniciou-se e desenvolveu-se em contextos históricos bastante peculiares. Desequilíbrios institucionais, a inexistência (ou a limitação) de sistemas jurisdicionais de controle de constitucionalidade e a atuação desimpedida dos Poderes Legislativo e Executivo em matéria constitucional levaram à admissão de que a Constituição viesse a ser modificada, profunda e ilimitadamente, mesmo sem o acionamento dos mecanismos de reforma constitucional. Essa postura foi agravada por construções teóricas que, incapazes de compreender adequadamente a interação entre a realidade e as normas constitucionais, viam estas como subordinadas à ação das forças sociais ou, ainda, que impunham à Constituição uma concepção dinâmica em que o sentido de suas normas poderia ser alterado por força das necessidades políticas ou das necessidades vitais do Estado, resultando na aceitação de que a realidade preponderava sobre as normas constitucionais, de modo que as mutações constitucionais não poderiam ser contidas ou controladas juridicamente.

Porém, essa conclusão mostra-se insustentável diante de um paradigma em que se atribui à Constituição tarefas a serem cumpridas – dentre as quais, as de limitação do poder e de garantia de direitos fundamentais, próprias do constitucionalismo – e se reconhece que elas somente podem ser cumpridas satisfatoriamente se a força normativa da Constituição for observada, fazendo-se necessário que a mutação constitucional seja analisada à luz desses princípios básicos da teoria constitucional contemporânea. Sob a égide da Lei Fundamental alemã de 1949, Konrad HESSE demonstrou que isso é possível, ao incorporar elementos da realidade na estrutura da norma constitucional e ao contrapor, à tarefa constitucional de dar eficácia à atividade estatal, a de estabilizar, racionalizar e limitar o poder. Com isso, as possibilidades de alteração, pela via interpretativa, do conteúdo das normas são circunscritas ao âmbito delimitado pelo texto constitucional, além do qual eventuais modificações constitucionais dependem do recurso aos instrumentos formais de reforma.

Apesar disso, parcela majoritária da doutrina brasileira continua a abordar a mutação constitucional com base em noções elaboradas quando vigiam as Constituições alemãs de 1871 e de 1919, sem considerar as diferenças institucionais e teóricas entre aqueles períodos e o atual. Assim, admite-se (com certa resignação) que possam vir a prevalecer mutações inconstitucionais, em razão da inexistência ou ineficácia de instrumentos de controle dos processos que as produzem, quando não se assume simplesmente que não existem limites à alteração informal da Constituição, à exceção da consciência do intérprete. Tais entendimentos vão de encontro a uma concepção normativa de Constituição, pois conduzem, implícita ou explicitamente, à conclusão de que as forças sociais prevalecem sobre a força normativa da Constituição e podem modificá-la de modo inconteste. É, assim, acertada a crítica que vê na mutação constitucional (ou, ao menos, na perspectiva em comento) um incentivo não apenas para uma atuação desmedida dos Poderes Legislativo e Executivo, como também para a discricionariedade judicial ou para que o Poder Judiciário assuma para si o papel de poder constituinte permanente, com sérios prejuízos para a preservação do Estado Democrático de Direito.

Contudo, como ensinou HESSE, é possível compreender e, mesmo, reconhecer a ocorrência eventual de mutações constitucionais sem abdicar da garantia da Constituição e de sua força normativa, adotando-se uma perspectiva diferenciada sobre o fenômeno.

Para tanto, é preciso partir de um conceito mais restrito de mutação constitucional, limitando-o à alteração do conteúdo das normas constitucionais sem que haja alteração de seu texto. Com isso, evita-se a confusão entre as dimensões distintas, embora interligadas, nas quais se inserem os sentidos possíveis de dada norma constitucional (dimensão jurídica) e os processos fáticos que podem ensejar diferentes interpretações dela (dimensão fática).

É de se afastar, ainda, a narrativa do poder constituinte difuso ou permanente da fundamentação da mutação constitucional, em favor de uma que compreenda o fenômeno como corolário da necessidade de que a interpretação das normas constitucionais mantenha-se atenta a possíveis variações das condições fáticas, sem desconsiderar a força normativa e a identidade da Constituição. A associação entre mutação constitucional e poder constituinte contribui apenas para que ela seja entendida – e invocada – como instrumento ilimitado de alteração da Constituição em favor de novos valores ou de novas demandas sociais.

Além disso, o texto constitucional deve ser tido como limite último para a interpretação das normas constitucionais e, por conseguinte, para as possibilidades de reconhecimento de uma mutação constitucional. Além das justificativas apontadas por HESSE para o seu acolhimento, tal delimitação resulta na subordinação das alterações de sentido das normas constitucionais não comportadas pelo texto correspondente à atuação do órgão incumbido do exercício do poder constituinte derivado, o único que detém competência legítima para promover modificações do texto da Constituição.

Aceitos tais parâmetros no que concerne à definição, à fundamentação e à limitação da mutação constitucional, é importante considerar o papel a ser desempenhado pela jurisdição constitucional em face dela. Isso porque, em contraste com os contextos históricos nos quais a problemática da mutação tornou-se objeto de estudo e ganhou relevância, são hoje amplamente difundidos instrumentos jurisdicionais de controle de constitucionalidade. O Brasil, nesse sentido, conta com um complexo sistema misto de controle, que abrange tanto instrumentos de controle abstrato de constitucionalidade, quanto de controle concreto.

Portanto, a conduta dos agentes e dos órgãos estatais (como quer que ela se expresse) está sujeita ao controle jurisdicional de constitucionalidade e não pode mais ser considerada determinante no que se refere à interpretação e aplicação das normas constitucionais. A isso, deve-se acrescentar que, no desempenho de tal mister, também o Poder Judiciário está subordinado à Constituição e aos sentidos possíveis de seu texto, não devendo incorrer no equívoco – ou ceder à tentação – de consagrar interpretações que a violem frontalmente, mesmo que amparadas em supostas transformações das circunstâncias sociais.

# Referências bibliográficas

BARROSO, Luís Roberto. *Curso de direito constitucional contemporâneo*: os conceitos fundamentais e a construção do novo modelo. 5. ed. São Paulo: Saraiva, 2015.

BONAVIDES, Paulo. *Curso de direito constitucional*. 29. ed. atual. São Paulo: Malheiros, 2014.

BRASIL. Supremo Tribunal Federal. Reclamação. 2. Progressão de regime. Crimes hediondos. 3. Decisão reclamada aplicou o art. 2º, § 2º, da Lei nº 8.072/90, declarado inconstitucional pelo Plenário do STF no HC 82.959/SP, Rel. Min. Marco Aurélio, DJ 1.9.2006. 4. Superveniência da Súmula Vinculante n. 26. 5. Efeito ultra partes da declaração de inconstitucionalidade em controle difuso. Caráter expansivo da decisão. 6. Reclamação julgada procedente. Reclamação n. 4.335-5/AC. Odilon Antônio da Silva Lopes e outros vs. Juiz de Direito da Vara de Execuções Penais de Rio Branco. Relator: Min. Gilmar Mendes. 20/03/2014.

BULOS, Uadi Lamêgo. Da reforma à mutação constitucional. *Revista de informação legislativa*, Brasília, v. 33, n. 129, p. 25-43, jan./mar. 1996. Disponível em: <http://www2.senado.leg.br/bdsf/item/id/176380>. Acesso em: 13/11/2017.

ELSTER, Jon. Forces and mechanisms in the constitution-making process. *Duke Law Journal*, [s.l.], v. 45, n. 2, p. 364-396, nov. 1995. Disponível em: <http://scholarship.law.duke.edu/dlj/vol45/iss2/2/>. Acesso em: 13/11/2017.

FERRAZ, Anna Cândida da Cunha. Mutação, reforma e revisão das normas constitucionais. In: CLÈVE, Clèmerson Merlin; BARROSO, Luís Roberto (orgs.). *Doutrinas essenciais de direito constitucional*: teoria geral da constituição. v.1. São Paulo: Revista dos Tribunais, 2011. p. 765-793.

HESSE, Konrad. A força normativa da constituição. In: ——. *Temas fundamentais do direito constitucional*. São Paulo: Saraiva, 2009. p. 123-146.

——. Constituição e direito constitucional. In: ——. *Temas fundamentais do direito constitucional*. São Paulo: Saraiva, 2009. p. 1-22

——. Limites da mutação constitucional. In: ——. *Temas fundamentais do direito constitucional*. São Paulo: Saraiva, 2009. p. 147-171.

HORTA, Rui Machado. Permanência e Mudança na Constituição. *Revista de informação legislativa*, Brasília, v. 29, n. 115, p. 5-26, jul./set. 1992. Disponível em: <http://www2.senado.leg.br/bdsf/item/id/176002>. Acesso em: 13/11/2017

MENDES, Gilmar Ferreira. Apresentação. In: HESSE, Konrad. *Temas fundamentais do direito constitucional*. São Paulo: Saraiva, 2009, p. VII-X.

SILVA, José Afonso da. *Curso de direito constitucional positivo*. 26. ed. rev. e atual. São Paulo: Malheiros, 2006.

SOUZA NETO, Cláudio Pereira de; SARMENTO, Daniel. *Direito constitucional*: teoria, história e métodos de trabalho. 1. reimp. Belo Horizonte: Fórum, 2013.

STRECK, Lenio Luiz; BARRETTO, Vicente de Paulo; OLIVEIRA, Rafael Tomaz de. Ulisses e o canto das sereias: sobre ativismos judiciais e os perigos da instauração de um "terceiro turno da constituinte". *Revista de Estudos Constitucionais, Hermenêutica e Teoria do Direito* (RECHTD), São Leopoldo, v. 1, n. 2, p. 75-83, jul/dez 2009. Disponível em: <http://revistas.unisinos.br/index.php/RECHTD/article/ view/47/2401>. Acesso em: 13/11/2017.

——; LIMA, Martonio Mont'Alverne Barreto; OLIVEIRA, Marcelo Andrade Cattoni de. A nova perspectiva do Supremo Tribunal Federal sobre o controle difuso: mutação constitucional e limites da legitimidade da jurisdição constitucional. Argumenta: *Revista do Curso de Mestrado em Ciência Jurídica da Fundinopi*, Jacarezinho, n. 7, p. 45-68, 2007. Disponível em: <http://seer.uenp.edu.br/index.php/argumenta/article/view/72/72>. Acesso em: 13/11/2017.

URRUTIA, Ana Victoria Sánchez. Mutación constitucional y fuerza normativa de la constitución: una aproximación al origen del concepto. *Revista Española de Derecho Constitucional*. [s.l.], n. 58, p. 105-135, jan.-abr. 2000. Disponível em: <http://www.cepc.gob.es/publicaciones/revistas/revistaselectronicas?IDR=6&IDN=360&IDA=25497>. Acesso em: 13/11/2017.

***Impressão:***
Evangraf
Rua Waldomiro Schapke, 77 - POA/RS
Fone: (51) 3336.2466 - (51) 3336.0422
E-mail: evangraf.adm@terra.com.br